ぼくと仕事、ぼくと子ども

影山大祐

目次

取材は、二〇一七年五月から八月にかけておこないました。

はじめに

「すごい」

生まれたばかりの娘を見た瞬間、僕は思わずそう口にしていた。

文中に度々登場する我が娘が生まれたのは、二〇一五年十月。僕が生まれた時の半分くらいの大きさで、めでたく誕生した。予定よりひと月半も早く、僕は父親になった。それは三十三歳の時。

赤ちゃん用の布団や肌着、哺乳瓶など、必要なものはすでに奥さんが揃えていた。だけど、僕自身は準備万端なんてこともなく、父親になるという心構えなんてなんにもなかった。生まれてくるのをただドキドキしながら待っていただけだ。


とても小さかった娘は二歳を過ぎ、同年齢の子と見劣りしないくらいにまで成長した。毎日、よく騒ぎよく踊り、覚えたての言葉を口にし、自分のご飯ではなく僕のご飯を食べようとする。そのお返しとばかりに、自分のご飯を僕に食べさせてくれる。どこかへ出かけるといつも抱っこをせがんでくるし、離れた場所にいると不安そうな顔をする。寝起きは機嫌が良くないけれど、ちょっとしたことですぐに上機嫌だ。

どんなものにも染まっていない人生の始まりからの日々を、すぐ側で見ていられるなんて、とても貴重なことだと思う。

父親にならなければ経験できなかったこと、考えなかったであろうことはたくさんある。そもそもこの本だって、娘が生まれていなければつくっていなかった。

少子化の時代だからこそ、大人の力が合わされば、子どもにとって良い社会をつくれると思う。

この後に登場する十名は、直接的、間接的に、子どもに関係する仕事をしている。年齢は三十代から四十代前半で、全員父親だ。とはいえ、この本は子育てマニュアルのようなものではないし、イクメンになるための本でもない。彼らと同じようにしたらいいと言いたいわけでもない。

きっと、百人の父親がいたら、百通りの考え方があり、生き方がある。父親の話しか聞いていないから、母親側からしたら何か言いたいことだってあるだろう。

それでも、この本が読者の方々にとって、子どものことをこれまで以上に考えるきっかけになったらいいなと思う。父親になるまではまったく子どものことを意識してこなかった僕自身が、以前よりも視野が広がったと感じているから。

彼らに話を聞いてから、少し時間が経ってしまった。子どもは日々成長していくし、仕事の面においても、話を聞いた時と今とでは状況が変わっていることだってあるかもしれない。この本をつくっている間に、僕の娘もだいぶ成長した。

変化していくものだからこそ、こうして形に残したいと思った。彼らの子どもたち、そして僕の娘が、いつか大人になってこの本を開く日がきたとしたら、その時は感想を聞いてみたい。

子どもがテーマだけど、子育ての本ではない。

父親と子どもが、大人と子どもが、一緒に生きていく本だ。

子どもたちに、素晴らしい世界を。

子どもとつくる物語

きくちちき
Kikuchi Chiki

絵本作家
1975年生まれ

•

長男
2013年生まれ

百年前の絵本、
百年後を生きている自分

小さな頃に卒業したはずの絵本を、ある時から毎日のように読んでいる。昨日も一昨日も読んだ絵本を、今日もまた読む。きっと明日も、明後日も読む。繰り返し、繰り返し読む。僕が物語を読み終わらないうちに、娘が次のページをめくってしまうのはいつものこと。

きくちちき、という絵本作家のことを知ったのは、そんな日々のさなか。娘のお気に入りは『ゆき』と『こうまくん』。僕はその二冊と『しろねこくろねこ』が好きだ。

自然が近くに感じられる、きくちさんの自宅兼アトリエを訪れた。煙突のあるその家には薪ストーブが置かれ、山々が見渡せる大きな窓があった。段ボールでつくられた体長一メートル程の小柄なきりんは、部屋の端っこで休憩中。きくちさんと息子が生みの親だ。たまに、ツバメや小鳥も遊びにくるらしい。

「ここから見える山が本当に気持ちよくて、早朝には山の下に雲がわーっとかかって、本当に幻想的な風景になるんですよ」

きくちさんがそう教えてくれた。

絵本が生まれる大きな机。その向こうにある景色。机の上には、描きかけの紙と、たくさんの筆や絵の具。

きくちさんの絵本のほぼすべてはパソコンを使わずに手で描いていく。その絵には、自由という言葉が似合う。紙をはみ出すほどにダイナミックな絵。いっけん何を描いたのかわからなくなるほどに勢いがある絵。もっとも、作品によってそのタッチは異なり、すべてがそうだというわけではないけれど。

うちの子が絵を描くようになったら、こんなふうに描いてくれたらいいな。そう思ったことを覚えている。どこかお行儀の良い絵や、先生に褒められそうという意味での上手な絵というものではなく、なにものにもとらわれず、自由で、感情や人間が感じられる絵。

絵本作家になったきっかけは、一冊の絵本。

それは二〇〇九年、三十代中盤に差しかかった頃のこと。

「骨董市が好きだったので、たまに骨董市巡りをしていたんです。そしたらたまたま百年前の絵本が置いてあって、『すごいぞこの本は』って思った。絵本のつくりも素晴らしいし、もちろんその絵も好きだった。この絵本がつくられた百年後を生きている自分が、こんなに感動した。それで、ちょっとこれは自分もつくらないといけないないと思って、描きたくなって、それからダーッと描き始めたんです」

その百年前の絵本はフランスでつくられたもの。だから内容は理解できなかった。けれど時代を越え、国や言葉も越え、きくちさんの心に「ビビビッ」と刺さった。そして、描きたいという衝動にかられてつくった絵本『しろねこくろねこ』は、姿を変えながらも、やがて国際的な賞を受賞することになる。

授賞式の日に始まった新しい物語

きくちさんは大学で建築を学んでいたが、卒業後、デザインの勉強をするため専門学校に通い、デザイン会社に就職した。けれどもその道をまっすぐに進むことはなく、骨董市で百年前の絵本に出会った頃は、本人いわく「プラプラしていた」という時期。絵を描き、文章を書き、大きなクリアファイルにひたすらファイリングをしていった。

絵本作家を目指していたわけではなく、ただ絵本をつくりたかった。

いくつかの作品ができたタイミングで、小さなカフェギャラリーで展示をした。せっかく展示するならと、自分で製本したものも用意した。

「カフェギャラリーの方がすごく気にいってくれて、その絵本をずっとお店に置いて、興味がありそうなお客さんに見せてくれていたらしいんです。それで、たまたまそのうちの一人が編集者の方で、すぐに連絡をくれたんです」

ここまではトントン拍子だったかもしれない。けれど、すぐに絵本作家デビューができるほど、簡単な世界ではなかった。二〇一二年に発売された一冊目の絵本『しろねこくろねこ』は、展示のために製本していた作品を元につくられているが、描き直した枚数は千枚以上。わずか四〇ページほどの絵本のために。

最初の絵本だったから余計に枚数が増えたと言うが、その後につくった絵本でも、一冊を完成させるまでには何百枚と描いていった。

「最後に描いたものが一番いい」

納得いく絵が描けるまで、ひたすら描く。

「僕は邪念を振り払うところから入るので、たぶん余計に描いちゃうんだと思う。上手く描こうっていう意識がどうしても最初はあるので、まずそれを取り払うまでにすごい枚数を描いて、ようやく肩の力が抜けてきたっていうところにきたら徐々に描けるようになって、最後、無心で描けた時に、ふっ、といい絵が描けるんじゃないのかなって」

そんなに枚数を描いていたらわけがわからなくなりませんか、と聞いてみた。

「わけわからなくなりますね、完全に。たぶん間違った描き方だと思います」


きくちさんのデビュー作『しろねこくろねこ』は、ブラティスラヴァ世界絵本原画展にて、準グランプリに相当する、金のりんご賞を受賞。それは二〇一三年のこと。

「授賞式の日に、ちょうど息子が生まれたんです」

プラプラしていた頃にたまたま百年前の絵本を見つけ、自らも絵本をつくり、その最初の展示がきっかけとなり編集者の目にとまった。そして出版した一冊目の絵本が国際的な賞を受賞。さらに授賞式の日に子どもが生まれた。

こうして文字にすると、映画にでもなりそうなドラマチックなストーリーだ。登場人物は一人増え、物語は続いていく。

何が自分の人生に影響を与えるのか。

ある人にとってそれは、百年前の絵本かもしれないし、別のある人にとってそれは、誰かの口から飛びだしてきたひと言かもしれない。どうやら世の中には、「きっかけ」と呼べるものはたくさん転がっているようだ。けれど、自分の中になんにもなかったとしたら、そのきっかけを受けとめることはできない。

きっと誰でも子どもの頃には当たり前にあった

「この前、息子が絵を描いてたんです。ずーっと集中して描いていたのに、急に左手で描きだしたんですよ」

おっ、両手使うんだ。そう思ったきくちさんに、息子は言った。

「右手が疲れたから、左手で描くの」

なるほど！

「大人だったら利き腕で描くのが当たり前って思っているけど、子どもにはそういう発想がないから、いや、ほんとすごいなって思っちゃいますよね。息子も少しずつ大きくなってきてるので、そういう子どもらしい部分というか、いい部分をずっと残しておいてあげたい。変な教え方したら縮こまってしまいそうだし、なんか、余計なことを言いたくないなって思ったりね」

子どもから教わることがすごく多い、とのこと。

「たとえば、子どもと一緒に遊ぶにしても、大人って先を考えながら行動できちゃう。それは経験値からくるもの。だけど子どもってそういうのがまったくないから、もう、その時その時だけじゃないですか。そういう部分ってハッと思わされるというか。大人が思ってるような遊びにならなくてもいいんだとか。自由に遊べる柔軟性があれば、別になんでもいいんだとか。自分も子どもの頃そうだったよなって思い出させてくれるというか。そういうことが結構あるので、そういうのをまのあたりにしていると、僕から教えることより、息子から教わってることの方が意外に多くて」

自由な発想でいい。オチをつくらなくてもいい。子どもが楽しめる要素があればいい。そんなふうに、絵本をつくるうえでも、視野が広がっていくそう。

「子どもって何かに集中していても、ある瞬間からパツーンと切って違うことに集中しだすじゃないですか。その切れ味といったらすごい。大人だったらちょっと引きずったりするところを、もうすごい潔く切れたりするので、そういうのを見ると自分が悩んでいるのが馬鹿らしくなったり。なるほどなと、こんなことで悩まないで、違うことに目を向けなきゃなとかね」

子どもとの時間の中には、たくさんのものが溢れていそうだ。

「きっと誰でも子どもの頃には当たり前にあったものだと思うので、そういうのを思い出させてくれるんです。子どもには、本当に、いろいろありがとうございますっていうのが多い」

年々さらにあっという間に過ぎていくようになった仕事の日々も、自分が思ったとおりにはいかないイレギュラーなことだらけの子どもとの時間も、たいした理由もなく急いでしまってはもったいない。そう自分に言い聞かせる。残念ながら、僕はついつい急いでしまいがちだから。

子どもと親が一緒に絵本を読むこと

僕は最初、本屋や図書館にたくさん並んでいる中から、なんとなく子どもが好きそうな感じのする絵本を選んでいた。子どもはきっとこういう絵本が好きだろうと。頭の中に無意識のうちに、必要のない基準ができあがっていた。

きくちさんも息子に絵本を読む。自分がつくった絵本に限らずに。

「意外とこういう絵本が好きなんだ、っていう驚きの方が多いかもしれないですね。僕の好きな作家さんが描いた絵本があって、絵はすごく素晴らしいんですけど内容がバレリーナだったので、息子が興味をもってくれるのかわからなかったんです。だけど、読んであげたらすごい好きで、何回も読んで、『あ、全然楽しいんだ』って思った。子どもには自分が勝手な思い込みでチョイスするよりも、いろいろなものを見せてあげて、いろいろなものを感じとってもらった方がいいのかなっていうのは、実体験からも本当によくわかりましたね」

絵本を読んでいると、うちの子にはまだ早いかな、と思うものもある。きくちさんの絵本の中にも、僕がそう感じていたものがあった。

「絵本は、親と子どもを繋げるコミュニケーションツールのひとつだと思うので、親が読んであげて、子どもに伝えてあげる。そういうのも大事かなって。子どもが理解していなかったら『ここはこうなんだよ』って、親がストーリーを広げてあげることもできる。だから、僕がきっちり百パーセントを伝えることはしなくても、親がいることによって違う伝え方もしてもらえるし、違う楽しみ方もしてもらえるので、そういう関わり方ができることも、絵本の魅力のひとつだと思っているんです」

そうか、とやけに納得した。

子どもが一人で完結できなければ、親とのコミュニケーションが自然と増える。

「物語が膨らみながら、いろいろな人に伝わっていくっていうことがすっごく面白いし、その感じが絵本の魅力のある部分なのかなって」

作者である自分が意図した通りではなくても、それぞれの解釈で読んでもらえればいい。それぞれの人がそれぞれの思いで読んでくれた方が嬉しい。きくちさんはそう思っている。

「子どもが一人で読めるようになったら、本当に子どもが好きな絵本を選べばいい。だけど、親と子どもが一緒に絵本を読むっていうのは、広がりが生まれるもの」

娘が一人で絵本を読めるようになるのは、まだ少し先のこと。今は僕が絵本を選んでいる。「子どもが好きそうだ」と僕が勝手に思い込んでいる絵本を読んでも、娘はすぐに飽きてしまう。逆に、ちょっと難しいと感じるものでも、僕自身が面白そうだとか、絵が好きだとか思う絵本の場合は、娘の反応もいい。僕の雰囲気を感じているのかもしれない。

「それは大きいですよね。僕はそこが大事な気がしていて。子どもが好きなものを選ぶのももちろんいいですし、親が好きなものを子どもに読んであげるのもすごくいいと思うんです」

実は、最近ひとつ気づいたことがある。それは、娘が絵本を僕のところへ持ってきたからといって、必ずしも絵本を読んでほしいというわけではないのかもしれない、ということ。もちろん読んでほしい時もあるだろうけど、一緒に遊んでほしい、近くにいてほしいがゆえに、絵本を口実のようなものにしているのではないか。娘の反応を見るとそんな気もする。

だけどそれでもいい。僕が面白いと思う絵本をたくさん用意しておこう。親と子どもが同じものを見て、同じ時間を過ごす。そのうち、そんな時間はなくなっていく。子どもが自分で内容を理解できるようになったら、父親はそっちのけかもしれない。

子どもと親の成長速度

「僕が父から教わったというか、得ているものって、直接何かを言われたっていうことではないので、生活していくなかで自然と僕が感じとって得てきたものが、きっと多いと思うんです。僕が大人になって『そういえば、うちのお父さんこうだったな、すごいな』って思える部分が、今すごく多い。だから息子にも、僕があーだこーだと言うよりも、まぁ見本っていうわけじゃないですけど、一緒に生活していくうえで生きていく術を自然に感じとって学んでもらえたらいいですね」

きくちさんは北海道出身。父はサラリーマン。転勤族だったから北海道を転々とした。よく遊んでくれた父のことが、子どもの頃からすごく好きだったそうだ。父から怒られた記憶はあまりない。きくちさん自身も息子に怒ることはほとんどないらしい。

「どちらかというと、親の都合で子どもを動かしている部分が多いじゃないですか。だから言ったことをやらないからって、子どもが悪いわけじゃない。こっちの都合でそうさせたいだけだから」

なるべく怒らずに、子どもを気持ちよく導いてあげられるようにしたい。きくちさんはそう話す。

「子どもって親に百パーセント愛を向けてくれる。そういう存在って、世の中に他にはいないじゃないですか。子どもが百パーセントで来てくれることに対して、親も百パーセント子どもに向き合っていかないとダメなんだなっていうのはすごくよく感じますね。こっちがフワフワしてたら、子どもの百パーセントを受け取ってあげられないから。

そういう意味では、子どもを育てるだけじゃなくて、自分も育たないと成り立たない。子どもだけじゃなくて、受け取る側も成長していかないといけないと思いますね。なんか本当に」

子どもが生まれた瞬間に、親という存在も新たに誕生する。一人目の子どもに限っていえば、親だとはいっても子どもを育てた経験はないから、日々起こるのは初めてのことばかり。なぜ泣いているのかなんてわかるはずもない。

「息子の成長速度が早いので、親としての僕の成長速度が全然ついていけない」

人間の初心者である赤ちゃんと、親の初心者である自分。スタートは一緒だ。親も成長しなければいけないということは、まったくそのとおり。

「これからの社会がどうなったとしても、ちょっとしたことで挫けないで、そこに立ちむかっていく力をつけてもらいたいですよね。きっと、社会がどうというよりかは本人次第なんだと思うんです」

これからの社会を生きていく息子への言葉。

本人次第。それは、自分へ向けた言葉でもあるのかもしれない。

時間も、国も、
関係なく

絵本は、百年先の人にも伝えられる手紙みたいなもの。そう話すきくちさん。

「僕が絵本の世界に入るきっかけをもらったのが、そういう感じだった。その時その時、僕がつくった絵本で、読んだ人が何かちょっとでも引っかかってくれたら、それでもうオッケーなんじゃないかなって。その子が大きくなって、昔読んだあの絵本がなんか好きだったなとか、そういうふうにちょっとでも思い出してもらえたら、その子の人生にそれだけ関わらせてもらえたら、それは素晴らしいことだなって思う。時間も国も関係なく、いろいろな人と通じることができる。そういう面でも、この仕事は本当に魅力的なものだなと思いますね」

これからどういう絵本をつくっていきたいですか、と聞くと、こんな答えが。

「よく思うのは、子どもの頃って、人間、自然、動物とか、そういう境界線がなかったなって。自分がその中に溶け込んでいるというか。大人だったら、たとえば虫を見たらすぐに境界線を引きたくなる。だけど、子どもって何に対してもそういうのないじゃないですか。それって大人になって忘れちやっている部分。だから、そういう境界線を振り払えるような絵本が描けたらいいなって思いますね」

たとえば、大きな紙の中心に自分を描き、その周りに一本、二本と、線を引いてみる。線が増えれば増えるほど、いろいろな線に囲まれ、自分が動ける範囲は小さくなっていく。境界線というのは、そんなふうに自らの可能性を狭めていくもの。

心の中に引いた境界線はやっかいだ。目に見えないから消しづらい。境界線を振り払える絵本。いつか完成したら読んでみたい。

きくちさんは絵本作家という響きが似合う人だ。

真っ白な紙に描くその線は、僕と娘の時間を広げる線。

子どもと大人が共振できる場所

齋藤紘良
Saito Koryo

保育園 園長
1980年生まれ

•

長男
2008年生まれ

保育園と子どもたち

最近、好きになった曲がある。それはこんな歌詞。

まだ行ったことのない
砂漠の国の宮殿
まだ出会ったことのない
ふたつの心臓の怪物

さあ開いてみよう
さあ開いてみよう

重い扉の向こうは
分厚い本の向こうは
どうなってるんだろう

『オープン』 作詞・作曲 おだこうせい

子どもの頃は、世界に何があるかなんて知らなかった。だから逆にどんなものでもあると思っていた。いや、無いということを知らなかった、と言った方がいいかもしれない。この歌詞にでてくる、ふたつの心臓の怪物も、昔は僕の頭の中にだって住んでいたかもしれない。

この曲を歌い演奏するのは、チルドレンミュージックバンドCOINN《コイン》。彼らの音楽は、時に楽しく賑やかに、時に優しく穏やかに、赤ちゃんにも、子どもにも、大人の心にも届いていく。歌とチェロを担当する齋藤紘良さんは、保育園の園長でもあり、小学生の息子をもつ父親でもある。

この曲で感じた、まだ見ぬものに出会うワクワク感を胸に、しぜんの国保育園へ齋藤さんを訪ねた。

齋藤さんが園長をつとめる、しぜんの国保育園は東京都町田市にある。町田駅からバスに乗り、バス停から歩いて五分ほど。最後の角を曲がると、住宅街の中に真っ白な建物が見えてくる。ちょうど、小さな園児たちが手をつなぎ、散歩へ出掛けていくところだった。保育士に手をひかれ、小さな歩幅で少しだけ進んでは、何かを見つけて立ち止まり、そしてまた歩きだす。いろいろなものに興味がいくのは、見たことないものや知らないものが多いからだろうか。

保育園が話題にあがるとき、その多くは待機児童のことだ。保育園の数が足りていないということは多くの人が認識していながら、いざ建設計画がもちあがると、反対する人たちもいる。

小さな子どもがいることで、街は、大人は、どうなっていくだろうか。

僕は、たとえばご近所さんとすれ違った時、これまでは軽く会釈するだけだったけれど、子どもが一緒の時は声を張ってちゃんと挨拶をする。スーパーのレジのおばちゃんにもきちんとお礼を言う。当たり前のことを当たり前にするようになった。それに、ゴミのポイ捨てや信号無視も御法度だ。

子どもに微笑んでくれる人もいて、見知らぬおばあさんと会話が始まることだってある。子どもがいることで、大人たちのコミュニケーションが広がっていく。

子どもは社会をまっとうにしていく存在なんだと思う。時には騒ぎ声を上げながらも。

ただ、子どもだけが特別という訳ではない。どの世代が欠けても社会のバランスは崩れ、さまざまな面で僕らに影響を与えていくのだろう。

大人にとって、保育園は子どもを預ける場所かもしれない。逆に、子どもにとって保育園はどんな場所だろうか。子どもたちは、寝ている時間を除けば、家にいるよりも長い時間を保育園で過ごす。その時間をどう過ごすかは、きっと将来に影響する。

子どもたちが考える余地を、大人がつくる

しぜんの国保育園の開園は一九七九年。齋藤さんの祖母がつくった。現在の園舎が完成したのは二〇一四年。

small village と名付けられた園舎の中には、〝Atelier アトリエ〟〝Architecture けんちく〟〝Labo じっけんしつ〟など、活動ごとに分けられた部屋が並んでいる。

「もともと保育園でやっていることって、芸術的なことがすべて備わっているんです。たとえば、ごっこ遊びや歌は演劇にもつながるし、ものを積み重ねることや加工することは建築だったり。絵本を読むことも、創作活動もそう。それを子どもだけの世界に閉じ込めて、それはそれ、大人は大人っていう考え方で断絶してしまうのではなくて、なるべく大人の世界と子どもの世界がなにかしらの線でつながっているような環境をつくっていくことが大事だと思うんです」

そう話す齋藤さん。「環境をつくっていく」とは言っても、必ずしも大人だけでつくるわけではない。この保育園の特徴を聞くと、「大人も子どもも、できるだけ自分たちで自分たちの居場所を、考え

てつくりあげることかな」との答え。

大人が一方的に決めてしまうのではなく、子どもたちが考える余地を大人がつくり、子どもたちの意見を尊重するように意識しているそう。とはいえ、ただ子どもたちの意見を聞き入れればいいというわけではなく、そのバランスをとることも大事だと言う。

「保育園って、子どもと大人が共振できる場所だと思うんですよね。この仕事をしていなかったら、そういうことに気づけなかったでしょうね。子どもにとって理想的な環境を、大人がどれだけつくれるかが大切なことだって思い込んでいたから」

そう聞いて、少しドキッとした。

子どもの環境は大人がつくってあげるものだと、僕は思っていたから。

子どもたちの選択肢

齋藤さんは高校卒業後、音楽の専門学校へ進んだ。その後、大学へ通い、幼稚園へ就職。そしてこの保育園へ。園長になったのは三十歳の時。

園長になった当時はもちろんのこと、プレッシャーは今でも常にあると言う。

この仕事をしていく上で大切だと思うことは。

「忘れている自分自身の子どもの頃の感覚に、どれだけ真摯に向かっていけるか。その頃の感覚にどうやって戻っていくか、それを考えることかな」

それは仕事のためだけではなく、人生にとっても大切なことのようだ。

「子どもたちがどう考えているかに、僕らはちゃんと寄り添えてないなっていう思いがあるから、そういうことに気づけるかですよね。世の中の何分の一かは子どもじゃないですか。子どもたちと会話ができるかどうかって、日本に限らず世界中の子どもたちとコミュニケーションをとれるかどうかっていうことだから、子どもたちに対する気づきみたいなのって、自分の人生にも関わってくると思うんですよね」

そして、齋藤さんから一番多く聞いた言葉は「選択肢」。

選択肢を増やしてほしい。そう話す。

「子どもたちが自分で選択肢を増やしたっていう経験があると、どんな場面でもいくつかの選択肢を自分でつくれるんですよね。何か困難にぶちあたった時に、選択肢がないとつらいわけじゃないですか。たとえば、逃げる、戦う、道具を出す、呪文を使う、とかね」

もちろん、困難を目の前にした時だけではない。

「楽しいことをするための選択肢を自分で考えられるぞって。自分でアクティブにいろんなものに接することが楽しいんだよっていうことを伝えられると、あとはもう、ほっといても育つんじゃないかな」

子どもが自分でつくる選択肢もあれば、親や、周りの大人たちや、友だちがもたらしてくれる選択肢もある。さらに、テレビや本の向こう側から生みだされる選択肢もある。誰かから影響を受けて自分の選択肢を増やすこともあれば、誰かに影響を与え、人の選択肢を増やすこともあるだろう。

子どもたちの人生でこれから山ほど訪れる分岐点。日々無数の選択を繰り返して、それが人生になる。誰かがつくってくれた選択肢だけでは、きっとバランスが悪い。そして、その逆も然り。

生まれてから六歳頃までの教育が大切だと聞いたことがある。けれど小学校のテストのように正解があるわけではない。伝わり方や理解度を測る物差しなんてないだろう。保育園での教育は、何をよりどころとしているのだろうか。

「目の前の子どもたちを見るしかないですかね。毎年、子どもたちは違いますし。その子たちが何を求めていて、いま何が必要なのか。目の前の子どもたちとどうつながっていくか向き合わないと。教育っていうのはこういうもので、こういう子どもに育ってほしくて、そのためにはこれが必要で、みたいなものは、いつも崩していかないといけないって思うんです」

大人の考えだけではなく、子どもたちの発想からどう広げていくか。それも大切なこと。齋藤さんはそう考えている。

大人って楽しいんだな、
父親って楽しいんだな

齋藤さんが父親になったのは、二〇〇八年。二十代の終わり頃。

「僕の経験としては、子育てって、子どもが三歳くらいまではお母さんのテリトリーなんですよ。ただ、女性の支援はできますよね。代わりに何かやっておくとか、たまにケーキを買って帰るとか。それを含めて子育てだと思うんです。でも、子どもが小学生になってからは、どんどんお父さんの存在が大きくなるから、やっぱりその時期からは僕がもっと関わるようにしようと、今は昔よりも、息子と一緒にいる時間はどんどん長くなってる。小学生の間はお父さんで、中学生になったらお父さんお母さんからちょっとずつ離れていくと思うんです」

自分のしたことが本当に良かったのか考えたり、頭ごなしに怒ってしまったことを反省したり。そんなことはあっても、子育てで苦労したことはないんだそう。齋藤さんも奥さんも、苦労度はゼロパーセント。

「とか言ってね、子どもが中学生くらいになったら、そうとう悩んでるかもしれないですけどね。それはホントわからないので。僕にとって未知な世界」

保育園の園長だから、他の仕事をしている親と比べ、子どもについて考える時間は長い。自分の子どもを育てることだって慣れたものだろうと、話を聞くまでは思っていた。けれど、そうでもないようだ。

「いろいろな子どもたちを見ているがゆえに、そのモデルを自分の子どもに当てはめようとしちゃうんですよね。どうしても持ち込んじゃうんですよ、保育園での経験を。それがたぶんね、子どもにとってプレッシャーになるんだと思うんです。だからそれには気をつけていますね」

ひと昔前と比べ、父親が子育てに参加する時間は長くなったように思う。時代的にもそれが求められているし、今後もますますそうなっていくはずだ。ただ、子どもが父親に対して抱く気持ちと、母親に対して抱く気持ちは、きっと同じではない。父親にはどうしたってできないこともある。だから父親と母親の役割は違うんだろう。

育児を平等にすることを目指すのではなく、子どもにとって、どうすることがいいのかをちゃんと考えていきたいと思う。その答えはそれぞれの家庭によって違うだろうし、子どもの年齢によっても変わっていくようだ。

「子どもが成長する段階の時って、ぐずるんですよね。まぁイヤイヤ期と言われることもあるけども、僕はイヤイヤ期なんて三日かそこらだと思っていて、その時にちゃんと向き合うかどうかなんですよね。だから、子どもが何にでも『イヤ』って言っているところに僕が全部つき合う。ちゃんと向き合う。その数日は早く仕事を切り上げて、顔を合わせるようにするとか。なんかそういうことをしていくと、ほんとに何日間かで収まる。

自分が親として能動的に接するのは、子どもが小学生までだと思っているんです。中学生以降は受動的に。子どもがこうしたいとか、こういう風に選択したとか、それをどれだけ自分の許容範囲のなかで受けられるかっていう方にチェンジしないとって」

どんな父親でいたいかと聞くと、少し考えた後、こう答えてくれた。

「大人って楽しいんだな、父親って楽しいんだなっていうのが、子どもに伝わればいいですね。何かしら一生懸命にやっている感じがでればね」

齋藤さんの息子も、音楽が好きだ。

子どもから老人まで

齋藤さんがこれからやっていきたいこと。

「いっぱいありすぎる」という中からいくつか教えてくれた。

そのひとつは、学校をつくること。仕事のキーワードのひとつに〝子ども〟を含めたい人たちが通う学校だ。

「たとえば、庭師が子どものいる空間をどうつくろうかと考えた時に、この学校に入るとかね。そうすると、子どもを中心にしていろんなジャンルがそこで結びつき合えるんです。子どもに対する価値観がすごく深まると思うし、子どもを中心とした仕事が増えたり、新しい仕事がつくられたりもするだろうし。保育士も、自分たちのメインストリームでいろんな業種の人が熱く語っている、勉強しているっていうことに誇りをもてると思うんですよね」

子どもに関係のない仕事をしていた人でも、この学校で得たものを自らの仕事に活かすことができる。ファッションだって、インテリアだって、食だっていい。どんな仕事でも子どもと結びつくことができる。子どもを中心に多様な価値観が集まってくる。そして、多くの人が子どもへの理解を増すことで、子どもたちや、その親にとっても、良い環境が広がっていくだろう。

もうひとつは老人施設をつくること。

いま世の中に必要だから、という理由だけではない。

「自分が生きていて、『あぁ、すごくいいな』って思うのは、知らなかった存在に出会えて、それが自分の中にすんなりと、どんどん入ってくる時。その瞬間が気持ちよかったりするんですよね。たとえば、今までに飲んだことのなかったような美味しい水を飲んで、すーっと体に入っていく。そんなことがいろんなジャンルで起きたら、なんか自分としては気持ちいいなと思う。なんかね、これまでは使えなかったものが使えるとか、やれなかったことがやれるようになったとかね。それによって知ったことで、また全然違う世界が見えてくるみたいな。そういう意味で、老人の施設をつくるとなると、いろんなことを調べたりしないといけないと思うんですけど、そうすると老人のことがもっとわかるようになるんじゃないかなって」

子どもたちがいて、自分たちがいて、老人たちがいる。そんな関係をつくりたいそうだ。

「今はつくりたいっていう気持ちだけしかない」と言うけれど、きっと面白い老人施設になる。

さまざまな価値観を
ごちゃ混ぜにして

園舎をsmall villageと名付けたように、「保育園っていう価値観よりも、村っていう価値観を充実させたい」そんな想いがある。

「もっともっと、大人の関係性がごちゃ混ぜになった園になるといいですね。保護者と、周囲の人と、他の業界の人と、保育士と、僕も含めて」

保育園を子どもだけの世界と考えず、いろいろな感性をもつ大人たちが集う場所となれば、子どもたちも、大人たちも、多くの価値観に触れ、それぞれの選択肢を増やすことができる。

齋藤さんにとって、この仕事の魅力とは。

「二十年後に一緒に仕事をしている人たちと、今、生活することですかね」

しぜんの国保育園をずっと前に卒園した子が、今ではこの園で働いている。子どもたちがこれからどんな道に進んだとしても、つくりたいと話していた学校で再会することもあるだろう。共に新しい何かを始めることだってあるかもしれない。

「子どもたちは、あっという間の二十年ですぐに働き手になる存在じゃないですか。だからこそ、社会が子育てに対して、しっかりとお金をかけないといけない」

子どもたちはやがて大人になる。その時、目の前に広がっている社会は、今、僕ら大人が目にしている社会とは違う。

終身雇用なんて跡形もなくなっているかもしれない。今まで以上に自分で選択肢をつくる力が必要となり、国際化なんて言葉が聞かれなくなるくらいに、さまざまな国の人たちが日本で生活し、価値観もどんどん多様化していくはずだ。

齋藤さんが考えていることも、今が最終形なのではなく、子どもたちと日々接するなかで変化していくだろう。

「勇気とか元気とか、百パーセントにならなくたっていい」

話の途中で聞いたこの言葉が、なんだか印象に残っている。

父と子の歩き方

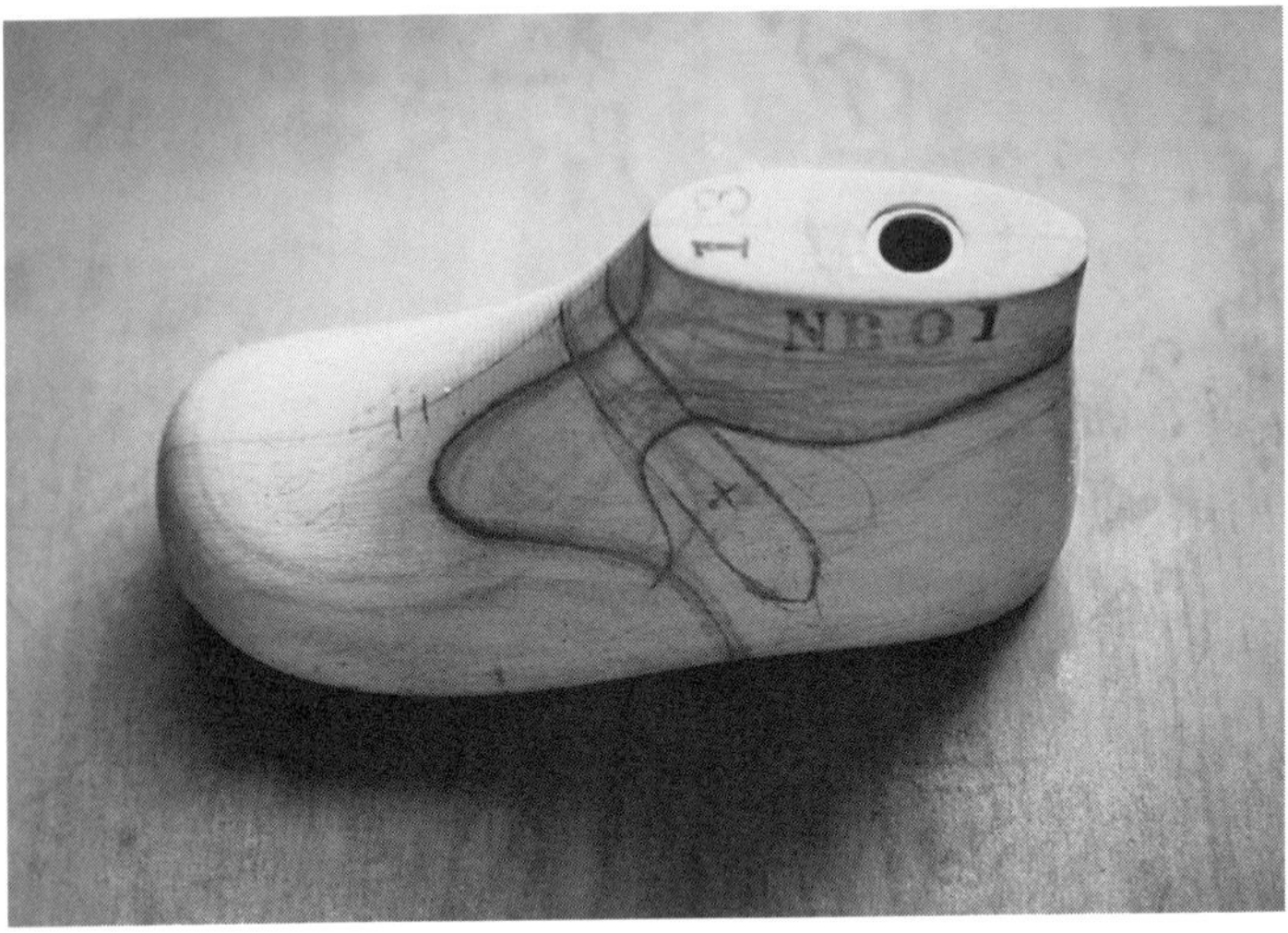

火神政博

Hikami Masahiro

子ども靴デザイナー

1977年生まれ

●

長男

2006年生まれ

次男

2009年生まれ

子どもが最初に履く靴

「今日、少し歩いたよ」

娘が一歳を過ぎたある日のこと。仕事から帰ると、奥さんがそう教えてくれた。

そういえば初めて立った瞬間も見られなかったな、なんて思いながら、歩く姿が見たくなり、さっそく娘を立ち上がらせた。最初はせいぜい二〜三歩程度だったのが、さほど日が経たないうちに、部屋中を歩き回るようになった。ただ歩いているだけなのに、やけに楽しそう。そしてよく転び、よく泣いた。それでもまたすぐに歩きだすから不思議なものだ。

自分が初めて歩いた時の記憶はない。

けれど、娘が歩く姿を見ていると、きっと自分もこんな感じだったんだろうと想像できる。そして、それを喜んで見ていたであろう父と母の姿も。

ある時、NINOS《ニーニョ》という子ども靴ブランドのアニメーション動画を見た。

まだ歩けない小さな孫のために、祖父が靴を買って帰るシーンから始まる。やがてその子は靴を履いて歩きはじめ、それから大人になるまでの成長を、靴を通して表現していくストーリーだ。最後のシーンは結婚式が終わった後。その子が祖父からプレゼントされたのは、初めて歩いた時に履いていた小さな靴。

イラストと音楽だけで構成された、二分にも満たない短いアニメーション。こうして文章で説明してしまうと、その魅力が上手く伝えられないことが残念だ。

僕はこの動画を見るまで「ファーストシューズ」というものの存在を知らなかった。このアニメーションでいうと、祖父が孫に買った靴がそれにあたる。その名の通り、子どもが一番最初に履く靴のこと。外で歩き始める前に、家の中で練習をするための靴なんだそうだ。

良い革靴が
見つからなかったから

「最初からベビーシューズを履かせる親もいるんですけど、ファーストシューズで練習してから、ベビーシューズを履くっていう流れが一番いいんですよ」

そう教えてくれたのは、火神政博さん。二〇一五年に、子ども靴ブランドNINOSを立ち上げたシューズデザイナーだ。商品を製造している工場で会った火神さんは、帽子とメガネ、そしてヒゲが印象的。子ども靴とはいえ、つくっているのはすべて革靴。もちろん、ファーストシューズも。

火神さんは高校卒業後、専門学校で三年間ファッションデザインを学び、舞台衣装のデザイナーのもとで働いた。その後、友人に誘われ参加したメンズシューズブランドで、主に材料や工場に関する生産面の仕事を担当。自社ブランドだけでなく、パリコレに参加する他ブランドの靴もつくっていた。ファッション業界のクリエイターに囲まれ、いわく「ファッションの中でも尖った方」をやっていた当時。その道をどんどん進んでいくつもりだった。

けれど、十年ほど経った時、こう考えた。

「死ぬまでに、何を残していけるかな」

こうして文字にすると、どこか重たい言葉のように見えるけれど、火神さんの口調は穏やかだ。仕事を続けていくなかで、表現の仕方は違えど似たようなことを考えた経験のある人は少なくないはず。

僕もそのひとりだ。年齢を重ねるにつれて、自分自身のことをより理解できるようになったし、結婚や子どもの誕生によって自分のいる環境が様変わりしたことも理由のひとつかもしれない。

その頃、火神さんは二人の息子をもつ父親になっていた。

「子どもができてから、子ども靴を見る機会がすごく増えたんですよ。でも、良い革靴は見つからなかった。お店に行って息子に履かせてみても『痛い』とか『固い』とか言う。大人は革靴を履くのが当たり前になっているなかで、なんで一番重要な子どもの時期にしっかりとした革靴を履かせていないんだろうっていうことが疑問だったんです」

無いのなら、つくればいい。火神さんは一から子ども靴を学び始めた。小さな子どもの足はまだまだ不安定な状態。大人用の靴をただ小さくすればいいというような簡単な話ではない。子どもの足にとって良い靴をつくるには、子どもの足のことをしっかりと理解する必要があった。

子ども靴ブランドを立ち上げるために、メンズシューズブランドから離れたのは、二〇一四年、三十七歳の時。

「子ども」と「靴」。好きなものふたつを掛け合わせ、これからの仕事にした。

つくるだけでは終わらない

　サンプル製作を重ね、ブランドは二〇一五年七月の展示会で発表となった。

「品質に対しての評価はすごく高かったんです。でも安い価格ではないので『売れるわけない』とか、最初はすごく言われてました。僕は自信をもっていたので、ウキウキしながら展示会に出したんですけど、そういう言葉がズバズバと。みなさん悪気はないんでしょうけどね」

　使用しているのは、有害物質を含まず身体にも環境にも優しい革。子どもの足のことを考え、オリジナルのインソールも開発した。そして製造は日本の工場。火神さんを中心に、さまざまな人たちの力が合わさった。価格は高くなった。けれど良い靴ができた。

　他の靴は嫌がるのにNINOsの靴だとすんなり履いてくれる。そんな感想をお客さんからもらうこともある。

「それはすごく嬉しいことですね」

そう話す火神さん。「自分のブランドが売れることが一番いいんでしょうけど」と前置きしながら、こう続けた。

「子どもの足に対する意識を高めてもらうことや、子どもの感度を良くすること。そういう仕事もこれから広げていけたらなって考えているんです」

とくに子どもが小さいうちは、靴のサイズが合わなくなるのが早い。それに外で遊ぶとすぐに汚れるから、安い靴でもかまわないと考える親は多いかもしれない。僕もそう思っていた。仕事に家庭にと忙しいなか、子どもの足にまで気が回らないというのが正直なところ。僕自身もそうやって育ってきたから、なおさらだ。逆を言えば、今、僕が娘の足に意識を向ければ、娘が親になった時もきっと同じようにするんだろう。

「僕は、NINOSの靴じゃなきゃダメだって言いたいのではなくて、安い靴でもいいんです。ただ周期を見てほしいんですよね。靴を軽くするために発泡系の素材を使っているとソールの減り方が早いんです。そうすると靴に傾きができて、足が傾いた歩き方になってしまったり。どんな靴を履かせてもいいと思うんですけど、親が意識しておかないと、せっかくちゃんと歩けているのがどんどん変わっちゃいますよって、お父さんお母さんたちに伝えたいんです」

靴をつくって終わりではなく、むしろスタートのようだ。

やってみなよと
言ってあげれば

火神さんは、息子二人がこれまでに履いてきた靴をすべて保管してある。子ども靴をつくることを考えてもいなかった頃からそうしているというから不思議なものだ。もちろん、一番最初に履いた靴だって残してある。

「なぜかずっと捨ててないんです。靴が好きなんだと思うんですけど、まぁとっておこうって。やっぱり飾ってても可愛いんですよね」

二〇〇六年生まれの長男。二〇〇九年生まれの次男。

「うちの子は小さい頃から紐靴にすごく慣れているんです。『自分で結んでちゃんと調整して履けよ』って、小学校にあがる前には言ってました。お父さんお母さんが、『やってみなよ』って言ってあげれば、子どもはすぐにできるようになるので、そういう親のちょっとした意識って大事なんですよね」

簡単そうで意外とできない、と思う。

子どもが靴紐を結ぶことではなく、親が「やってみなよ」と言うことの方だ。自分がやってあげた方が早いから、つい、手を出してしまう。

「やってみなよ」

そう言って、子どもが自らの力でできるようになったら、親にやってもらった時よりも、子どもはきっと嬉しいんだろう。

火神さんがデザインする靴は、いい意味で子ども靴っぽくない。大人が想像する、子どもが好きそうなデザイン、とは違う。

「靴に限ったことではないんですけど、小さい頃の感度やモノへの意識っていうのは、すごく重要だと思うんです」

どうやらその考えには、父の影響もあるようだ。

自分の興味がある、
自分を活かせる場所で

火神さんが生まれたのは、瀬戸内海の近くにある、岡山県玉野市。海と山に囲まれて育った。

父の仕事は建築士。設計をするだけでなく、営業もしたりと、仕事は忙しく毎日帰りが遅かった。土日も仕事であまり家にいなかったそう。そんな中でも、「一緒に行くか」と誘われ、建設中の現場や、完成した家を見に行くことがあった。その仕事柄、無垢の木なんかが身近にあった。

「父親によく言われるんです。そういうのがあったから、おまえの目には良いものを見極める力がついたんだって」

ジャンルは違えど、火神さんがものづくりを仕事にしたのは、父の影響も大きかったようだ。

仕事が忙しいと子どもと過ごす時間は減る。けれど、仕事をしている姿を見せることも、つくったものを見せることも、子育てのひとつなんだと思う。それができないのであれば、子どもに仕事の話をすることだっていい。ちゃんと理解はしていないかもしれないけれど、親の表情や話し方で伝わるものがあるはずだ。それらは長い目で見ると、一緒に遊ぶこと以上に、子どもに影響を与えるのでははないか。僕はそう思っている。

火神さんの家には、トカゲやアザラシの革など、いろいろな素材でできた靴がある。三メートルくらいの蛇の革もあるそうだ。火神さんにとって無垢の木が身近にあったように、息子たちにとって、家に革があるのは自然なこと。

「子どもたちには僕が今やっている仕事を見てもらっているので、背中を追いかけてこいというわけじゃないですけど、父親の背中を見て育つというのは、たぶん僕もそうだったと思うんです。勉強しろと言う時もありますけど、それ以上に自分の興味がある、自分を活かせる場所で、やりたいことをやってもらったらいいかなと思います。長男には習い事で水泳をやらせてたんですけど、本人は興味がそこまでないので、絵でも何でもいいですしね」

子どもが二人いるから感じることもある。

「それぞれ個性が違うので、好きなものや、やりたいことが同じようには育たないじゃないですか。勉強ができるできないっていうのも、スポーツができるできないっていうのも、おのおのの個性。それをどうしたら伸ばせていけるのかっていうのは、親ってなかなかわからないことなのかなって。向きは変えてあげられると思うんですけど、やっぱり本人たちが決めていくことの方が大きいんだなって、親がやることってそんなにないのかもなって、ちょっと思うんです」

ブランドを立ち上げてからはさらに忙しくなり、土日は家で仕事をしている。子どもたちと遊ぶ時間はあまりとれないそうだ。それでも時間をつくっては一緒にサッカーをしたり、料理をしたりする。子どもの頃、土日も仕事だった父が、忙しいなかでもキャッチボールをしてくれたことや、野球の試合を見にきてくれたことを、火神さんは覚えている。

父親というのは、子どもにとって、いろいろな面で基準のようなもののひとつになる。とくに息子の場合はそうだと思う。それは、仕事であったり、親子の関係であったり。

子どもがいるからといって、仕事を早く切り上げられないことも多い。家族の、とくに奥さんのおかげということは言うまでもないが、子どもとの時間があまりとれなかったとしても、良い関係はつくれる。

「継いでやってもいいよ」

これは、火神さんの息子の言葉。

大事なきっかけ

「父親になっていなかったら、子ども靴はつくっていなかったでしょうね」

子どもができたことはすごく大事なきっかけだった。そう話す火神さん。靴づくりはもちろんのこと、これからやっていきたいことは。

「ひとつは、日本における子ども靴の文化をもっと高めていきたい。それに、子どもが少なくなっていく分、よりレベルを上げるというわけじゃないですけど、靴だけじゃなくて、ファッションやアートだったりとか、そういういろいろな分野の人たちと、子どもが遊べたり、学べたりする、良い環境や場所をつくれるようにしていきたいなっていうのは思いますね」

そしてもうひとつ。

「全然話が飛ぶんですけど、自分が親になってから、子どもの人身売買を撲滅したいっていう思いがすごくでてきた。貧富の差があるから、たとえば子ども靴は短い期間しか履かないので、日本中のいらなくなった靴を集めて持っていくとか。自己満足と思われるかもしれないですけど、死ぬまでにそういうところまでできたら理想かなとは思いますね。それはやっぱり、子どもの仕事をする自分がやらなきゃいけないことなのかなって」

人生はよく、道にたとえられる。

火神さんが進むのは、火神さんの道。

振り返れば誰にでも一本の道ができている。一本しかないから、近道も遠回りもない。時には回り道のように思えたって、つねに最短距離だ。

自分の子どもがどんな道を歩いていくのか。進む方向は教えられないけれど、歩き方さえちゃんとしていれば、きっとどんな方向にだって進んでいける。子どもは、良くも悪くも、親や大人たちの歩き方を見て、自分自身の歩き方を決めるんだろう。

どうせなら、いつまでもいい姿勢で歩いていたいものだ。

家族の食卓

冨田ただすけ
Tomita Tadasuke

料理研究家
1980年生まれ

●

長女
2007年生まれ

母の和食

「子どもの頃、うちは本当にね、和食ばっかりだったんですよ。ごはんと味噌汁に、野菜の煮物があったり、焼き魚があったり。ほんとにもう、ごくごく昔から食べられている日本の定食みたいな感じのものだったんです」

冨田ただすけさんは、和食専門の料理研究家。

その仕事は、和食レシピサイト「白ごはん.com」の運営や、本や雑誌でのレシピ紹介など、和食にまつわるいろいろなこと。

自宅近くの仕事場には、広いキッチンと大きなテーブルがあり、手前には畳とちゃぶ台が置かれている。道路側は一面ガラス張り。知らずに前を通りかかると、いっけん何をする場所なのかわからない。お邪魔したのはそんな空間。

建物の裏にある小さな畑では、キュウリやミニトマト、ピーマン、枝豆など、季節ごとにさまざまな野菜を育てている。

笑顔で僕を迎えてくれた冨田さんは、なんだかすでに楽しそうだ。

冨田さんが料理を好きになったのは、小学校低学年の頃。

「母は専業主婦で、毎日台所に立って料理をしていたから、自然と僕も手伝うようになったんです。その頃から包丁を持たせてくれて、週末には食べたいものを自由につくらせてくれたので、兄と二人で料理をしていました。ぎこちない手つきでね」

毎日のように和食を食べていた兄弟二人。ここぞとばかりにつくったのは、たとえばステーキなど、和食じゃないものばかり。

「子どもがつくったものって、どんなものでも親は喜んで食べてくれるじゃないですか。それが嬉しかったから、つくることや食べることが好きになったんだろうなって思いますね」

出身は山口県。近くには父方の祖父母も、母方の祖父母も住んでいた。

父の実家は漁師町にある。漁師が獲れたての魚をもってきてくれることもあったし、父と一緒に素潜りでタコやウニを捕まえてその場で食べたりもしたそうだ。かたや、母の実家にはいろいろな木が植えられていた。母方の祖父は庭師だった。育てていた果物を食べさせてくれたり、畑で野菜の収穫をしたり。

そんなふうに、食べ物と密接だった子どもの頃の経験や記憶が、冨田さんを食の道へと導いたのかもしれない。

次第に料理にはまっていった。

「子どもの頃は、和食がすごくいいものだとは思っていなかったんですよ。僕の弁当には煮物で、隣の子の弁当にはハンバーグが入っている。やっぱりちょっとね、地味な和食ばっかりで嫌だなって、その頃は思ってましたね」

どうしてお母さんは和食ばかりつくっていたんですかね、と聞こうとした。そのタイミングを逃していた間、話を聞いていたら、その答えがわかった気がした。

きっと、冨田さんが和食をつくっている理由と一緒だ。

食べることで、
満たされること

冨田さんは、大学卒業後に就職した惣菜の製造販売会社を一年で退職。料理の基本を学ぼうと調理師専門学校に通った。そして日本料理屋で三年間修行し、早朝から夜遅くまで和食を学んだ。その後、食品加工メーカーで研究開発の仕事に就く。

とても丁寧に手づくりする日本料理の世界と、大量調理である加工食品の世界。対極とも言える、その両方を経験した。

料理研究家として独立したのは、二〇一三年、三十二歳の時。

「難しいと思われがちな和食を、できるだけ多くの人につくってもらいたい。とくに子どもたちに、和食って美味しい、また食べたいって感じてもらいたい」

そんな想いがある。

「みんなと一緒にご飯を食べて楽しかった思い出を、子どもたちにも培ってほしいと思うんです。人の記憶に残る味って、パンチのあるものよりも、しみじみとしたものだったりする。僕はそういう料理が好きだし、それってやっぱり和食なのかなって」

運営している和食レシピサイト「白ごはん.com」などで冨田さんが紹介している和食レシピは、家庭でつくりやすいものばかり。

「子どもをもつお母さんからの、『料理を誰からも習ってこなかったので困っていました』っていう声がすごく多いんです。あくまでも僕が美味しいと思う料理を紹介しているんですけど、たとえば『息子が完食してくれた』とか、『旦那が喜んでくれた』とか、そんなふうに誰かの食卓に少しでも役立っているなって実感できる時があるんです。それはすごく嬉しいですね」

途切れてしまった家庭の味をつなぐ、そんな仕事。

「自分の娘と接してみて思うのは、やっぱり食べることって、単純に身体をつくるっていうこともあるんですけど、もっとこう、心を育むものでもある。みんなで純粋に美味しいものを食べることもそうだし、みんなで楽しい食卓を囲むとか、食事をつくって誰かに喜んでもらえるとか。食に関することって、心が豊かになることがすごく多いと思うんですよね」

二〇〇七年に娘が生まれ、冨田さんが父親になったのは会社員だった頃。

『家族の顔を見ながら、毎日ごはんを食べたいと思った。』

これは以前出版された冨田さんのレシピ本のタイトルだ。

冨田さんは独立する数年前に、子育てのことを考えて引っ越しをした。通勤時間が長くなり、家族と食卓を囲めない日も多かったそうだ。けれど今では、朝も夜もほぼ毎日、家族揃って一緒に食事をする。
「料理って本来は、家族や身近な人のために、その日の体調とか天気とか、いろいろなことを加味してつくるものだと思うんですよ。たとえば、今日はちょっと体調が悪そうだから、野菜を柔らかめに煮ておこうかなとか、今日はいっぱい汗かいただろうから、味はちょっと濃い目でいいかなとか。つくる側も心をくばれるし、食べる側もそうやってつくってもらったら嬉しいと思うし、食べることで満たされることもあると思うんです」

食べることで満たされるのは、お腹だけじゃない。僕が忘れてしまいがちなこと。

冨田さんは「食がすべてじゃない」とも言う。

「食ってすごく大事なものだけど、それがすべてじゃない。たとえば、加工食品を使って時間を短縮することで家族に別の時間が生まれて、その時間を幸せに楽しく過ごせるのだったら、加工食品をどんどん活用するのもいいと思う。それぞれの家庭で何を重視するかだと思うんです」

言葉の代わりに料理をつくる

僕は、娘が生まれてから一気に食のことが気になりだした。化学調味料は使っているのか、どんな添加物が入っているのか、農薬はどうなのか、これを食べさせるのはまだ早いんじゃないか。自分は当然のように口にしてきたにも関わらず。

小さい頃の食生活で、大人になってからの食生活が決まる。そんな話を聞いたこともある。

「僕は、楽しく食べることが、子どもにとって一番大切なのかなって思っています。うちは基本的に出汁をとって料理をしているので、娘が小さかった頃はとくに、そういう料理を食べさせてあげたいと思っていたり、野菜も自分たちでつくったものを食べさせてあげたかったので、貸し農園を借りて無理のない範囲でつくり始めたり。

でも、だんだん娘が大きくなってくると、たとえば友だちみんなと駄菓子をワイワイ食べたりとか、いろんなものを食べることになるので、『なんでも食べていいよ』と今は言ってます。それが本人にとって嬉しいことだし、食べることって楽しいなって思えるだろうから。子どもが大きくなった時に、自分で食べ物に関しての選択肢の幅を広げられるように、親が導くしかないと思うんですけど、いろんな経験をさせてあげるのが子どもにとってすごくいいことだなと思っているから、僕はそれを実践するようにしていますね」

冨田さんは娘をいろいろなところへ連れていく。お客さんやらなんやらでゴッチャゴチャな立ち飲み屋にも、しっかりと背筋を伸ばしてナイフとフォークを使わなければいけないようなレストランにも、おばちゃんが頑張って切り盛りしている定食屋にも、回る寿司屋にも回らない寿司屋にも、美味しいものがいっぱいのマルシェにも。

さらには、こねて踏んでうどんをつくったり、正月ではなかろうが餅つきをしたり、釣りに行ったり、仕事場の裏で一緒に畑仕事をしたり。

「娘が自分で釣った魚とか育てた野菜とかは、達成感なのかわからないけど、よく食べますね。食べたことないものだったとしても、じゃあ食べてみようかなって素直に思えたりするみたい」

好き嫌いがない冨田さんの娘。ピーマンもにんじんも大好き。「なんでみんなピーマン嫌いなんだろうね」なんてことを言いながら喜んで食べるそうだ。一番好きな食べ物は何かと聞くと、意外な答えが返ってきた。

それは「炊きたてごはん」。

「炊きたてごはんと具をたくさん用意して、好きなおにぎりを握る会みたいなことを、家族三人でやったりするんです。炊きたてだからすごく美味しくて、娘もすごく食べてくれる。なんかね、そういうのでごはんの美味しさを知ってくれてるのかなって思いますね」

なんだか美味しそうで楽しそうな冨田家の食卓。子どもに好き嫌いがないというのが当然のように思えてくる。

食生活が充実している家庭は、家族みんな仲が良い。僕はそんなイメージをもっている。美味しいものを食べながらケンカなんてできないし、たとえケンカ中であったとしても自然と会話が始まりそうだ。

「仲いいですね、今は。サラリーマンの頃は子どもに対して頭ごなしに決めつけてしまうことが結構多かったんですよ。たとえば、ダダをこねた時とか、食の礼儀作法とか。こうしなきゃダメだろ、みたいな接し方ばかりをしてきた。でも今は頭ごなしにするんじゃなくて、子どもがどうしたいのかって、子どもの気持ちを考える。寄り添うというわけではないですけど、そういう接し方をするようになってから、子どものことがよくわかるようになりました。独立してからは子どもとの時間も増えて、子どもとしても父親が身近な存在になったと思うんです」

すごく一気に仲良くなったよね、と奥さんから言われたそうだ。

「そういう関係は続けていきたいなって思いますね」

そう話す富田さんにとって、料理は愛情表現のひとつでもある。

「子どもに対して、言葉で愛情を表現するっていうことが僕は苦手なんです。だから言葉の代わりに、ちゃんと気にかけてるよって感じてもらえるように、子どもが好きなものをつくってあげたりするんです」

実家に帰った時、
台所にあったもの

「食べることって楽しいなとか、みんなで食卓囲むっていいなとか、そういう気持ちが、大きくなった時に子どもの糧になるような気がするんです」

冨田さんがつくってきた和食。冨田さんをつくってきたのも、きっと和食だ。丁寧な姿勢であったり、気遣いだったり。和という言葉から感じられるものが、自然と冨田さんの人柄にも表れていた。

「子どもの頃からずっと和食を食べ続けてきたら、大人になるにつれ、和食が食べたいって自然と思うようになったんです」

冨田さんが子どもの頃に食べていたのは、母が出汁をとってつくってくれた和食。加工食品が食卓に並ぶことはあまりなかった。おやつも手づくりが多かったそうだ。

「最近実家に帰った時に、僕も料理をしたんです。そしたら台所に化学調味料があったんですよ。昔は使ってなかったよねって言ったら、母が『だって面倒くさいじゃない』って。だから、子どものためだったんだなって。子どもには、ちゃんと出汁をとったものを食べさせてあげたいとか、そういう思いがあってずっとやってくれていたんだなって思いました」

台所で料理をする母の姿は、僕も子どもの頃にずっと見てきた。似たような光景を見て育っても、料理研究家になるほどに料理が好きになった冨田さんと、まったく料理をしない僕がいる。冨田さんが子どもの頃によく一緒に料理をしたという兄も、食とは関係のない仕事に就いている。

子どもの幸せを決めるひとつは、夢中になれるものを見つけられるか否か、ということだと僕は思っている。子どもがどんなことに興味をもつのかなんてわからない。だからいろいろな経験をさせてあげたいと思う。


「子どもたちに、和食を好きになってもらいたい」

冨田さんの話を聞いて、僕の娘も和食が好きになったらいいなと思った。

と同時に、にんじんやインゲンをなぜかコップの水に浸してから食べている、娘のそんな食事風景が、ふと思い起こされた。僕と奥さん次第か。

日本料理屋で修行をした冨田さんがつくる和食の味は、子どもの頃に食べていた母の味とは、きっと違う。

母から子へ。受け継がれたのは、味より大切なもの。

さて、僕は娘へ、どんなものを受け継がせてあげられるだろうか。

自然な人に

長谷部雅一

Hasebe Masakazu

アウトドアプロデューサー

1977年生まれ

●

長女

2012年生まれ

子どもたちが今もっている
知恵や技術で

背中には荷物が詰まったリュック。手にはタブレット。

今すぐにでもどこかへ飛んで行けそうな姿で待ち合わせ場所に現れたのは、アウトドアプロデューサーの長谷部雅一さん。少し前には、宮崎県や鳥取県、北海道へ行ってきたそう。数日後、今度は関西へ向かう。長谷部さんのオフィスは渋谷にあるけれど、主な仕事場は日本全国の自然の中。


北海道では、ミニトレッキングのガイドの仕事で、子どもたちと山を登った。

当日の朝、集合場所まで子どもを見送りにきた親の一人が、長谷部さんにこう言ったそうだ。

「うちの子、体力ないし、なんかすごく不安なんですよね」

だけど、子どもにはそんな心配は必要なかった。

「頂上に立った時、その子の顔はすごくすがすがしかったんです。イキイキとして帰ってきたその子の顔を見て、親は何も言わずに少し目が潤んでいて、それがすごく印象的でした。親ならではの感じられるものってあるんですよね」

子どもがもっているポテンシャルを信じて良かった。長谷部さんはそう続けた。

「子どもだろうが、大人だろうが、信じること。できないんじゃないの？　とか、思い込みではなく、信じることから始める」

これは長谷部さんが大切にしていること。

子どもたちは、体験することで成長していく。きっと、その速さで親の心配を飛び越えていくんだろう。


ビーネイチャーという会社の取締役をつとめている長谷部さん。仕事は多岐にわたる。アウトドアイベントの企画運営、自然ガイド、応急救護講習の講師、アウトドア雑誌での連載や書籍の執筆などなど。長谷部さんの仕事の七〜八割は、子どもや親子のためのものだ。幼稚園や保育園に通う子どもたちへの自然体験を通した教育もそのひとつ。

「自然って日々変わっていくので、自然との関わり方も日々変わっていくんです。たとえばコマだったら、回すっていう遊び方だから投げたらダメだよ、っていうことになってしまうんですけど、自然の中の遊び方は自由なんですよね。それは自然の良さ。子どもたちが今もっている知恵や技術で、自然の中での遊び方はいくらでも変えていくことができるので、そこから得られるものって大きいと思うんです」

子どもたちにとっては、教育というよりも遊び。

一年を通したプログラムで、子どもたちは自然の中で思いっきり遊び、いろいろなものを身につけていく。

「たとえば、挑戦する気持ちが増す。自己肯定感が高まる。観察力が身につく。視野が広がる。体の使い方が上手になる。ボディバランスが整う。自然の中には気を紛らわせるものだらけなので集中力が高まる。友だちと関わることで社会性が養われる。自分を表現するのが上手になる。目的にしているものが園によって違うので、プログラムの構成の仕方によって変わってくるんです」

逆に、長谷部さんが子どもたちから学ぶことも多いそうだ。

「大人の良い所のひとつは、積んできた経験からいろいろな判断ができることだと思うんですけど、それとは反比例して柔軟性って失われていくじゃないですか。なんとなくダメかもしれないっていう予測になったら、手を出さないようにしようってなる。だけど、子どもは直感で生きていくところがあって、すごく柔軟にいろいろなことを考えて遊びを展開していくんです。ノーボーダーだし、そこからくる自由っていうのは、あらゆるところで影響を受けますよね」

どんな時も
自然体で

そんな子どもたちは、やがて卒園し小学生になる。毎日小学校に通っても、教えてもらえないことはたくさんある。

秘密基地のつくり方も、ザリガニの捕まえ方も、机の上とは比べものにならないほど広い自然の中のいろいろなことも、僕に教えてくれたのは近くに住んでいた少しだけ年上の人たちだった。

ただ、最近では近所の子ども同士で遊ぶことが減っていると聞く。それに一人っ子が増えている。

我が家もそうだ。

「子どもの遊びって、真似から始まることが多いですから。真似の対象がいっぱいいるのって、きっと幸せなことですよね」

　親の役割って昔より多いのかもな、と思う。とくに子どもが小さいうちは。

　子どもはあっという間に大人になっていく。なんて思うのは、きっと大人だけだ。子どもの頃、目の前にはたっぷりすぎる時間があった。

　時間の流れが速い大人と、ゆっくりの子ども。違うスピードで流れている時間を一緒に過ごしていけるのは、ほんの少しの間だけらしい。子どもたちは、少しずつスピードを上げながら大人に近づいていく。

「人も自然の一部なので、子どもたちが自然に生きていってくれたら嬉しいなって思っています。僕らって社会にでていくと、だんだんだん自分が自然な状態にいることって難しくなってくるじゃないですか。だけどそんな中でも、何かのスイッチを押せばすぐに自然な状態に戻れたりとか、自分が何かを決めたり進んだりしていく時も自然な状態でいられるとか。自然な人になってほしいですね。自然体でいてほしい。それがきっと、地球や社会にとっていいことになってくるでしょうし、本人も幸せになっていける道なんだと思うんですよね。それはいつも願っているというか。僕も子どもたちを見ながら、常にそうさせてもらっているところもあるんです」

原体験って大事だなって
あらためて思った

長谷部さんは大学卒業後すぐに、世界一周へと出発した。

教科書から世界を学ぶことはずっと苦手だったから、本物を見ようと思った。都市へ行き、田舎へ行き、たくさんの人と出会い、さまざまな自然や文化に触れた。そんな一年間の旅で感じたこと。

「世界中の子どもたちが好きなことや楽しいと思うことって、みんな変わんないんだなってわかったし、その国その地域に生まれた以上、幸せって思えることがそれぞれにある。だから、僕は日本人に生まれたから日本を好きでいいんだなって思った。それに、日本に住んでいると感じないけど、どうしようもならないことって世の中にはいっぱいあるんだなっていうこともわかった」

ビーネイチャーで仕事を始めたのは、帰国して一年が過ぎた頃。

たとえば園児への自然体験を通した教育は、十数年も前からおこなっている。当時の子どもたちと、今の子どもたち。何か違いは感じるだろうか。

「イタズラ好きだし、話すの好きだし、照れ屋な子もいるし、表現上手な子もいるし、表現しないことで表現している子もいる。世界中の子どもたちみんな含めて変わんないですよね」

長谷部さんが子どもたちへ向けた仕事をしているのには、こんな思いがある。

「僕自身は、親と一緒に遊んだっていう記憶はそれほど豊富ではないんですよね。僕は子どもの頃から冒険や旅が好きだったんですけど、自分が育ってきたなかで、あとから感動することっていっぱいあった。それで、そのあと世界一周したりとか。そう考えた時に、原体験って大事だなってあらためて思ったんです。だから、これからの地球を担っていく世代のために、何か自分ができることをしたいなって。それがはじまりです」

子どもの頃の体験が、人間の真ん中の部分を形づくっているんだと思う。そして、年を重ねるうちにどんどんと身にまとっていく多種多様な装飾物がその周りを覆う。もう真ん中なんて見えなくなるほどに。

だけど、子どもが大人になる途中で、いや、大人になってからだって、何かに迷った時には、きっと自分の真ん中にあるものに気づく。それが自分の行く先を示してくれたりもする。

ゆるやかな時間で
親になっていく

「道徳的に良くないこととか、僕らが信念として思っていることから逸れるようなことは徹底的に無しなんだけども、それ以外はイタズラだろうが、なんだろうが、娘にとことんまでやらせてあげようっていうことは奥さんとの約束になっています。子どもってイタズラだとは思わずにやってることもいっぱいあったりしますしね」

二〇一二年に生まれた娘。こんなこともあった。

「娘はお絵描きがすごく好きで、この前マジックでいっぱい絵を描いていたんですけど、自分の身体中にまで線を引いていたんです。それで、『どうしてそうなったの?』ってみんなで笑った。なんかそれって面白いじゃないですか。だから、あとでこうなるから面倒くさいでしょとか、そういう僕ら自身の感覚を変えるっていうことは意識しているかもしれないですね」

長谷部さんは、仕事がら休日は不規則。そんな日々でも、時間を見つけては娘と一緒に遊びに行く。

「この間は、たまたま夜八時前に帰れたので、突然、高尾山に行ったり。きっと夜の高尾山おもしろいよ、ムササビいるし、とか言いながら。午前中だけ休みがとれたら、川で遊んでから仕事に行くこともあります。娘も自然好きなんですよ。ライフジャケットを着て、川に流されて遊んでたりとか、犬かきみたいにして泳いでたりとかね」

キャンプ、クライミング、山登り、川遊び、ピクニックなど、自然の中での遊びはオールジャンルで好きだという長谷部さん。

「キャンプは娘が行きたいって言いますね。いろんな理由があると思いますけど、僕が普段なかなか家にいないので、キャンプに行くと家族三人ずっと一緒にいれて幸せなのかもしれないし、走り回って大きい声で叫んで、一緒に料理してご飯食べて、小さなテントに泊まってっていうことが楽しいのかもしれないですね」

娘と一緒にノコギリも使うし、火遊びもするそう。

大人が子どもから遠ざけそうなものですね、と聞いた。

「知っておかないと恐いので。実体験が一番大事。頭で覚えてもしょうがないんですよ」

長谷部さんが父親になったのは三十五歳の時。父親になったというよりも、父親になり始めた。そんな感じのようだ。

「子どもって、無意識に母親を求めるんですよね。母親から生まれてきたからでしょうね。もうしょうがないんだなって思ってます。何か面白いことをやりたい時は僕の方にくるみたいな。最近そんな役割になっていますけどね。いろいろな意味で母親ってすごいなって思う。たとえば親になっていくスピードって母親の方が速い。こりゃかなわないなって思いますよ。まぁ十月十日《とつきとおか》、子どもがお腹の中にいたわけだから、生まれた瞬間からやっぱり父親とは全然違うんでしょうね。僕らなんてね、下手したら『はい』って渡されただけじゃないですか。だから、ゆるやかな時間で親になっていくんだなって思います」

子育ても、背伸びはせずに自然体。「そもそも正解がわからない」から。

「親離れや子離れしていないっていうことではなく、媚を売るっていうことでもなく、それぞれちゃんと独立してるんだけども、何歳になっても娘に好きだって思ってもらえるような関係というか、生き方をしていたいですね」

手伝いすぎず、
見守ること

僕が子どもの頃のこと。

土砂降りの日には傘を閉じてわざと雨を浴びて歩いたり、強い風が吹いた時はいつもより速く走ると思って全速力で駆け出したりもした。どこかで虫を見つけたら息を潜め近づいて、虫との勝負を始めることもよくあった。

だけど今はこうだ。

靴や鞄が濡れるから雨の日はできるだけ外に出たくはないし、土砂降りなんて最悪だ。髪がボサボサになるから強風の日も嫌い。虫はなんだか気持ち悪いから触るのすらも苦手になった。

子どもの頃に楽しかったことが、大人になった今でも同じように楽しいかといえばそうでもない。娘が夢中になってやっていることを見ても、何が楽しいのか、よくわからないことは正直言ってたくさんある。けれども僕は、自然の中で娘と遊びたい。

「たとえば、広い草むらでバッタがピョンピョン飛んでいるから、バッタ捕りしたら子どもが喜ぶんじゃないかなって思って無理に連れていったとしても、子どもが楽しいかっていうとそうではない。やっぱりそれぞれの子どもの目に入っているものは違うので、そこから何か一緒に遊んでいくっていうふうに考えるんです。もちろんある程度の道筋をつくってあげることもひとつの方法ですけど、その場合はいきなり一八〇度ドーンって変えるんじゃなくて、近いところからだんだんと変えていく方がいいと思いますね」

子どもが求めていることと、大人がやろうとすること。そのズレに気をつけてあげてほしい。そう話す長谷部さん。

「一歳や二歳の子どもは、ボーっと座っているだけでも楽しいのかもしれないし、何かを拾っているだけでも楽しいかもしれないですよね」

僕の頭の中には、子どもが遊ぶとはこういうものだ、という勝手な映像ができあがっていたのかもしれない。いわば、子どもが主演で、親が監督・脚本のフィクションもの。

「子どもの目線で、子どもの気持ちになってあげることもすごく大事かなと思いますね。子どもって『みてみて』って言うじゃないですか。たとえば、子どもが少し高さのある所から飛び下りたとして、大人にとってその高さは大したことがなくても、子どもから見たら高さのスケールって変わったりする。だからそういう視点で子どもをちゃんと承認してあげるんです」

そしてもうひとつ。

「見守るっていうことも大事だと思うんです。一緒にいるけど放置している親って結構多いんですよ。スマホを見ていたり、親同士で会話していたり。見守るって、見て守るっていうこと。今なにを考えているんだろうなとか、あれ見つけたんだなとか、これ以上向こうに行ったら危ないかな、声かけようかなとか。手伝いすぎずに、子どもが自分で発展していくのを見守る時間っていうのは大事かなって思いますね」

自然って、かなわない

「人と関わって、参加者も含めてみんなで一緒に良い場をつくっていくことが、僕の天職というか、幸せを感じる瞬間なんですよね。そこでツールとして使えるのが自然だったから、今みたいな仕事になっているんです。良い場をどうつくるか。良い場づくりに自分がどれだけ貢献できるか。そのことを常に意識しています」

風で葉っぱが触れ合う音や、鳥や虫たちの鳴き声、川の流れる音なんかをBGMに、自然を求めてやってくる子どもや大人たちと、同じ時間を過ごしていく。

長谷部さんは、年間で少なくても一三〇日以上、自然の中で仕事をしている。プライベートを含めると、自然の中で過ごす日数はもっと多くなる。

「自然が相手なので、常にちゃんとリスクを考えている」

そう話す長谷部さんにとって、自然の魅力とは。

「自然ってかなわないじゃないですか、絶対的に。雨をやませたくても、外の暑さを涼しくしたくても、それはできない。人間のＤＮＡの奥底にきっと何かあるんでしょうけど、意識していなくても、人間ってそういう状況になるとお手上げというか、素直な気持ちでいやすいんですよね。僕も分単位で仕事をしているタイミングから、そういう自然の時間に体を馴染ませるまでにすごい時間がかかる時もあるんです。でもその時間が過ぎていくと、やっぱり自然の中にいることが心地よくなる。解放されていく。素直でいられる。そこが一番魅力なんじゃないですかね」

僕は子どもの頃、東京に憧れていた。大人になってからは東京で暮らし、働いてきた。だけど父親になった今はどういうわけか、都会から少し離れた自然の近くで子育てをしたいと思うようになった。それが時代の価値観の変化によるものなのか、父親になった自分の心境の変化なのかはわからない。ただ、もしかしたら僕の両親も昔、同じようなことを考えていたのかもしれないな、と思った。

長谷部さんから感じられたのは、なんというか、大きな生命力のようなもの。それは、自然の中で過ごす時間が長いからか、多くの人と出会ってきたからか、はたまた自然体で生きているからなのか。

最後は、長谷部さんのこの言葉を。
Love & Nature & Rock 'n' Roll !!

父と子と絵本の関係

TEL 03-3664-7334
FAX 0120-999-968

定価:1800円+税

影山大祐 著

トランスビュー

ぼくと仕事、ぼくと子ども

棚分類＝ライフスタイル

冊

注文数

◎取次への返品不可

ISBN978-4-7987-0164-6
C0036 ¥1800E

9784798701646

トランスビュー注文カード

書店(帖合)印

直

トランスビュー売上カード

ぼくと仕事、ぼくと子ども

㈱トランス

84798701646

三輪丈太郎
Miwa Jotaro

子どもの本専門店
1975年生まれ

●

長男
2015年生まれ

たくさんの余白を子どもたちへ

どういうわけか、娘が僕のところに持ってくるのは、いつも絵本だ。もちろん我が家にだって、いろいろな種類のオモチャがあるし、ぬいぐるみだってある。それにも関わらず、娘が僕に近づいてくる時に絵本を持っている確率は九割五分以上。本を読まない人が増えていると聞くけれど、子どもの好奇心に大人がちゃんと寄り添うことができれば、本好きな人が増えていくのではないか。

絵本漬けのある日、名古屋にある子どもの本専門店メルヘンハウスを訪れた。一九七三年にオープンしたこの店は、日本で最初にできた子どもの本専門店なんだそうだ。絵本や童話などおよそ三万冊が揃う店内には、商品がきれいに並べられている。

「子どもの本専門店で働く者としての使命は、子どもたちにたくさんの余白をつくってあげること」

これは、メルヘンハウスの三輪丈太郎さんの言葉。三輪さんの言う「余白」とは、子どもたちが想像を広げられるような余地のこと。

せっかくなら世界は大きい方がいい。

親と子どもの攻防戦

日々、子どもたちも、大人たちも訪れるメルヘンハウス。

「店では親と子どもの攻防戦が繰り広げられていますね。子どもが『これ買う』って本を持ってくると、お父さんやお母さんはダメとは言えないんだけども、『もうちょっと字が多い本がいいんじゃない?』って言っていたり。あんまりお父さんお母さんが気に入っている本じゃないと、『もっといっぱい見てから決めたらいいんじゃない?』って言っていたり。四~五歳くらいが一番そういうやりとりが多いですかね」

その攻防戦の行く末は。

「子どもは親の言う通りにはしないんです。絶対離さないですね。『じゃあこんなのどう?』って、逆にお父さんやお母さんが違う本を持ってきたりもするんです。正解不正解はないですけど、子どもが『絶対これがいい』って言ってる方が絶対にいいんですよ。三歳くらいまでは自分で選ぶ能力ってまだまだ乏しいんですけど、四〜五歳くらいになってくると、親とのそういうやりとりがでてくる。子どもが選んだ本の方が全然よくて、いいセンスしてるなって思う」

親が絵本に求めるものは、子どもとは違うようだ。

「僕らは何も口出しはできないんですけど、たまに『どっちがいいですか？』って聞かれるので、『お子さんの選んだ方がいいですよ』って答えます。絵本を選ぶのは、やっぱりフィーリングもあるから、親が選ぶとフィーリングはなくなりますよねっていう話をして。親は本に費用対効果を求めるわけですよね。たとえば、絵本だとページ数はそれほど多くないのが普通ですけど、文章が多いものと少ないものがあれば、親は文章が多い方を選ぶとか。『これを読んだら好き嫌いがなくなる』『友達と仲良くなれる』とか、そういう目的をもたせちゃう。そうすると、絵本が教科書のようになっちゃうんですよね」

たしかに、親としてはそんな欲が出てきてしまいそうだ。

「子どもは親以上に本に対して真剣ですよね。その本に向き合う真剣さは、子どもにはかなわないなって。なんかそういうふうに思います」

新しい本を買ってもらう嬉しさ。たくさんの本の中から一冊を選ぶときの悩み。本当は全部買ってほしいという願い。そして、家に着くまで待ちきれない思い。そういう気持ちもたくさん感じてほしいもの。

大人は、というか僕は、答えがないものが苦手だ。いろいろな場面で曖昧さをなくし、無駄を省き、効率を考え、結論を求めてしまう。

けれど、そんな感覚で子どもに接するのはよくないんだろうなと思っている。大人が子どもの感覚に合わせるのは大切なことかもしれない。つい、自分の感覚に子どもを合わせようとしてしまうけれど。

一番好きな絵本

メルヘンハウスで働く前は、東京で仕事をしながら音楽活動をしていた三輪さん。憧れのアーティストとアルバムをつくり、全国各地でライブをし、満足のいく活動ができた。音楽に一区切りがつき、さぁこれからどうするかと考えていた時に、尊敬している人に言われたこの言葉が、三輪さんの心に引っかかった。

「メルヘンハウスって良いと思う児童書をセレクトして置いているんでしょ？　それって、良質なDJと一緒だね！」

人がつくったものを売ることよりも、自らがつくったものを世に出すことが好き。だから、メルヘンハウスで働くことをそれまで考えたことはなかった。

「その人に言われた時に、確かにそうだなと。うちは雑誌も漫画も置いていないし、一般書店とは違う。絵本と児童書しか置いていない。父親が自分のこだわりをもってやっているっていうのは、そういう意味で言うと確かにDJと一緒だよなって」

その後、出版社での勤務を経て、メルヘンハウスで働き始めたのは二〇一四年から。

日々たくさんの絵本を目にしている三輪さん。一番好きな絵本はなんだろうかと気になった。その答えは『すてきな三にんぐみ』。

「僕の一番古い記憶のなかで、父親の膝の上で読んでもらっていた絵本なんです。絵本の内容はほとんど忘れていたんですけど、不思議なことにその時の光景は全部覚えている。マンションに住んでいて、カーペットやカーテンはこんな色で、壁はこんなんだったとか。それで、二十代の頃に本屋さんで偶然その絵本を見つけて、これ小さい頃に読んでもらったなって。あ、こんな深い内容だったんだ、絵本って面白いなって思ったりして」

小さかった頃、忙しかった父に遊んでもらった記憶はあまりないと言うけれど、絵本を読んでもらった記憶は残っている。

子どもが生まれるまでは
気づかなかったこと

「すごくドラマチックに読んだりとか、大げさに読んだりとかはせずに、ある程度フラットに読んであげないと、子どもたちが想像するところがなくなっちゃうんですよね。だから僕が絵本を読む時は、声も変えず抑揚もつけずに、すごくフラットに読むんです」

これが三輪さんの絵本の読み方。

子どもに絵本は必要だと思いますか、と聞くと。

「本屋だから、必要だって答えますね」

と、もっともな答え。

じゃあ自分の子どもに絵本は必要だと思いますか、そう質問を変えてみた。

「思いますね」と即答だ。

三輪さんは一児の父。二〇一五年に生まれた息子がいる。

「自分の子どもに絵本を読む時間の幸せを知ってしまった。生後数ヶ月から読んでますけど、最初の頃は反応がなくて、それからちょっとずつ反応がでてきて、首がすわるようになってからは、徐々に膝の上に子どもを乗せて読むようになった。今では、これ読んでっていう感じで、自分で本を選んできて、僕の膝の上にちょこんと座って本を広げるっていう光景が毎日あるんですよ。そういうのを味わっちゃうと絵本は必要だって思いますよね。他にそういうものないですもん。たとえば、ミニカーを持ってきてこれで遊んでって膝の上に座るってことはないわけで。絵本を読む時のスキンシップたるわ、何物にも代え難い幸せですよね。朝の忙しい時とかはちょっと勘弁してよとか思う時もありますけども。そういう意味での絵本の重要性は子どもが生まれるまではそんなに気づかなかった。今、一番実感してる時期だと思います」

三輪さんが話してくれたのは、僕が聞きたかった「子どもに絵本が必要な理由」というよりも、「父親に絵本が必要な理由」のようだったけれど、共感した。

たとえば僕が、娘にしてあげていると思っている多くのことは、実は自分自身のためだったりもする。一緒に遊ぶことも、家の近くを散歩することも、どこかへ出かけることも、意味もなく笑いかけることも。

「娘のため」なんていう、ちょっとした義務感のような言葉を心のどこかに置きながらも、本当は僕が娘と過ごしたいだけだ。娘はまだ小さいから、何をしたってきっと忘れてしまうだろう。どちらかというと、僕の思い出づくりにつき合ってもらっているようなもの。

僕が小さい頃、休日になると両親は毎週のようにどこかへ遊びに連れていってくれた。

不思議なもので、自分が親になった今、休みの日には必ず娘とどこかへ出かけているけれど、それは、子どもの頃に両親がしてくれていたことと同じだ。

三輪さんにとってそれは、子どもに絵本を読むことなのかもしれない。

「子どもが『絵本読んで』って僕の膝の上に座るっていう行為がいつまで続くんだろうって思ったら、これから先そんなにないですもんね。六〜七歳くらいまでじゃないですか、膝の上にくるなんてのは。そう考えるとその時間がもったいないというか、愛おしい。だから、そういう時間は大事にしたいですね」

絵本は、読むためだけのものではないようだ。

どれだけ世の中が
進んでいっても

子どものために絵本を買いに来ていた人が、今度は孫のための絵本を買いに訪れるようになった。

昔よく店に来ていた子どもが大人になり、また店を訪れることもあった。お客さんと共にメルヘンハウスも年を重ねてきた。

「メルヘンハウスは、ロングセラーを大事にしていくっていう思いが強いんです。だから、たとえば『はらぺこあおむし』とか『ぐりとぐら』とか、ずっと読み継がれていくものを丁寧に売っていく。時代性で売っていくということではなくて、何十年後も読まれている本を売っていきたいっていう思いもあるんです」

オープンした一九七三年とは時代は大きく変わったし、これからもきっとすごい勢いで変わっていく。僕らが望むか望まないかなんて気にすることもなく。

「どれだけ世の中が進んでいっても、絵本などの子どもの本はこれからも残さなければいけない」

三輪さんはそう考えている。

「それは、余白が唯一あるものだから。漫画やゲームは、全部そこに詰め込まれていて、その中だけで終わる。子どもたちの頭の中で、もうひとつの世界をつくれるような余白が感じられるものって、絵本以外ではそんなにないんですよね」

まちの本屋だけでなく大型書店でさえも、本を売っているだけでは継続していくことが困難な時代になった。

いずれ、教科書もデジタル化されていく。テクノロジーの進化というものは、絵本さえもスマホやタブレットの中にどんどん詰め込んでいくだろう。絵本のデジタル化が進むことによって、子どもたちの頭の中に、より広く、より深く、これまで以上にたくさんの世界がつくられ、そして親と一緒に読んだ記憶やさまざまな感情が残るのであれば、その進化は悪くない。けれどそうはならないのだとしたら、何のための進化なのかと思う。大人のためでしかない。


「主人公になりきったりとか、もうひとつの世界をつくったりとか、自分と照らし合わせてみたりとか。絵本の世界は、居場所や逃げ場所にもなれるんじゃないかなって思うんですよね」

大人たちが選択した世界を、子どもたちは生きていく。大人たちは自らが選んだのだからいいけれど、子どもたちが生きづらい世界になってはいないだろうか。

一緒に生きてたって、見えている世界は違うんだ。

Miwa Jotaro

日本の絵本
赤ちゃんの本
絵本「しょうてんがいくん」原画展

日本の絵本
おはなし会

家族をど真ん中に

秋庭 覚

Akiba Satoru

農家

1980年生まれ

•

長男

2014年生まれ

次男

2015年生まれ

僕らの秘密基地

「子どもの頃、秘密基地つくりました？」

声の主は秋庭覚さん。職業は、ひとまず「農家」ということに。


秘密基地。今でもなんだかワクワクする言葉だ。

僕は子どもの頃に友人たちとつくった秘密基地のことを思い出した。落ちていた長い枝を骨組みにして、どこかの商店からもらってきた段ボールでその周りを覆う。中に入るためには暗号を言う必要があった。家の近くの雑木林につくったその基地は、今思えばとても貧弱なものだったが、その頃の僕たちにとってはなぜか誇らしく、特別な場所だった。

僕たちは大人になり、その雑木林も、近くにあった公園も、気づいた時には住宅地に変わっていた。今の子どもたちは大変だ。秘密基地をつくれる場所を探すだけで、ひと苦労だろう。


「ここは僕らにとって秘密基地みたいなものなんです」

そう話す秋庭さん。

「ここ」とは、茨城県古河市にある秋庭農園のこと。秋庭さんは、三百年以上も続く米農家の十七代目だ。とはいえ、つくっているのは米だけではない。田んぼから少し離れた場所にある農園を案内してくれた。

そこにはビニールハウスが立ち、扉を開け中に入ると、賑やかな音楽が流れ、頭上からは美味しそうなブドウが迎えてくれた。奥には木製のテーブルと椅子が置かれ、天井からライトが吊り下がっている。その向こうには農園の植物を材料にしてつくった大きなリースが飾ってある。

協力してくれた人たちと共に、自分たちでリノベーションしたというビニールハウスは、当然ながら僕がつくった秘密基地とは比べものにならないほど魅力的な空間だった。秋庭農園で働いているのは秋庭さんと奥さんの二人。そして、大学生を中心にさまざまな人たちが手伝いに訪れる。

畑で育てているのは、ズッキーニ、ブロッコリー、イチジク、ハーブ、栗、レモン、梅、ふきのとう、ブルーベリー、プルーン、柿、オリーブ、ザクロ、柚子、バナナ、アーモンド、カリン、パッションフルーツ……。他にもまだまだある。

とても天気の良かったこの日。「どうぞ」と出してくれた冷たい飲み物には、奥さんが育てているミントが入っていた。

秋庭農園の中心にあるのは、食育と子育てだ。

時折、保育園の子どもたちが訪れる。みんなでジャガイモの種やスイカの苗を植え、成長していく様子を見守り、大きくなったら収穫して食べる。

たとえば、変わった形をしたジャガイモも、大きくなりすぎたキャベツも、スーパーには居場所がなさそうな作物たちが畑では自由に生きている。形や色や大きさの整った野菜がそのすべてではないことを、子どもたちは畑で知ったりもする。

「この前、普通のトウモロコシじゃなくて爆裂種のトウモロコシを植えたんです。このトウモロコシができたら、子どもたちとポップコーンをつくりたい。コンビニでもポップコーンは売っているし、買うことは簡単にできるけど、自分でつくったっていう経験があるだけでも、子どもたちの食に対する考え方が変わるような気がするんです」

僕にも、幼稚園児だった頃にどこかの畑に行って収穫体験をした記憶がある。今でも覚えているということは、何かしら感じたものがあったのだろうけど、その経験が自分にどんな影響を与えているのか、上手く説明はできない。それにも関わらず、自分の子どもにもそんな経験をさせてあげたいと思うのはなぜだろうかと、少し考えた。出てきた答えは単純なものだった。

きっと楽しいからだ。

畑で物語をつくろう

「子どもたちは、スイカ割りをしたスイカが食べたいんですよね」

これは、子どもたちを引率してきた先生が言った言葉。

普通に切ってあげたスイカは「食べたくない」と言う子どもでも、スイカ割りをしたスイカは喜んで食べるんだそう。

「やっぱり体験なんですよね」

秋庭さんはそう言って、何冊もの絵本を持ってきてくれた。

たとえば『おおきなかぶ』。

おじいさんがつくったおおきなかぶを、「うんとこしょ、どっこいしょ」と言いながら、みんなで力を合わせて引っこ抜く、有名な物語だ。

「大きなかぶを本当につくって、子どもたちみんなと『うんとこしょ、どっこいしょ』ってやろうと思っているんです」

〝畑で物語をつくろう〟をテーマに、実際にできたら面白いと思うことを、この場所で子どもたちと再現しようと考えている。

他にも、たとえば『ぐりとぐら』の絵本。

森で見つけた大きな卵で、ぐりとぐらが動物たちみんなとカステラをつくったように、大きな卵を用意して子どもたちみんなとホットケーキを焼きたい。

「この場所を畑の教室みたいにしたいんです」

秋庭さんが大事にしているのは、子どもたちの楽しくワクワクする気持ち。子どもたちから、「こうやると楽しい」と教わることもある。

誰かが用意してくれたものだって、もちろんありがたい。けれど自分が関わった食べ物は格別なもの。自分の手で収穫をし、みんなで一緒に楽しみながら食事の準備をする。そしてテーブルを囲む。それは、世の中で一番贅沢な料理なのかもしれない。「いただきます」の声は、きっといつもより大きくなる。

秋庭さんたちの秘密基地は、楽しい教室にも、最高のレストランにもなる。

「自分が子どもだったら、どんな農業を好きになるか」

頭には常にそのことがある。

「いつか農業と料理を学校の科目にしたいんです」

これが秋庭農園の目標のひとつだ。

料理人になったからこそ
気づけたこと

「僕の場合、農家ってこんなに豊かなんだって気づくことができたのは、大人になってからだったんです」

秋庭さんは元料理人。何年か前までは銀座にある飲食店の厨房で働いていた。

次男ということもあり、子どもの頃も、そして大人になってからもしばらくは、自身が親の跡を継ぎ農家になるということはまったく考えていなかった。継ぎたいと思うこともなかったそうだ。

そんな秋庭さんが家業に目を向けるようになったのは、三十歳の頃。

あるとき実家に帰り庭の畑を見渡すと、そこにはさまざまな野菜や果物が育っていた。それらは出荷用ではなく、家族で食べるために母がつくっていたものだった。

「これはこの前に収穫したイチジクの葉っぱなんですけど、これで魚やお肉を包んで蒸し焼きにすると、香りが移ってすごく美味しいんですよ。そんな風にね、よくよく考えてみたら、この畑には料理人が使えそうなものばっかりあったんです。ここすごいぞって思って。もし料理人になっていなかったら気づくことはなかった」

料理人だったからこそ、価値がわかった。

「なんて面白いんだ」

秋庭さんはそう思った。

当時働いていた店では副料理長を担っていたが、自らアルバイトに変えてもらった。そして仕事の合間をぬっては実家に戻り、農業を手伝うようになった。

料理人の仕事を辞めて農業に専念したのは、三十四歳の時。

「この庭はすべて母がつくってきたんです。残念ながら、その良さを知っていたのはずっと母だけだった。僕が気づいたのは大人になってからで、子どもの頃には見向きもしなかったんです。それがもったいなかった。だから、子どもたちにはちゃんと伝えていきたいって思っています」

秋庭さんには二人の息子がいる。

二〇一四年生まれの長男と、その翌年に生まれた次男。子どもたちは保育園が終わるとまずは畑に帰ってくる。畑にあるイチゴやグミの実を食べたり、収穫の手伝いをしたり、おばあちゃんと散歩をしたり。

秋庭さんの仕事が終わると、畑の横にある実家でみんな揃って夕飯を食べる。食卓には畑で採れた野菜がたくさん。

「パパ、このズッキーニつくったの？　すごーい」

息子から、そんな言葉をもらうことも。

食事が終わると、奥さんと息子たちと近くにある自宅へ帰る。忙しい毎日だけど、料理人の頃よりも家族の時間はとても長くなったそうだ。

自分でつくるという豊かさ

秋庭さんが子どもだった頃のこと。

「裏庭に砂場をつくってもらったんですけど、ある時期から遊ばなくなったので、そこで枝豆を育てたんです。それで、食べられるようになるのを『まだかな、まだかな』って、待っていた経験があるんです。期待して待っている時って、すごく嬉しかったんですよね」

買うことがすべてではない。自分でつくるという豊かさもある。だからそういう経験は息子たちにいくらでもさせてあげたいそうだ。

「便利な世の中ですけど、むしろ非合理的で時間のかかるものの価値がわかる人間になってほしい。

たとえば、かまどで炊く新米や、掘りたての新ジャガの美味しさとかね」

どんな父親でいたいか。秋庭さんの答えはこう。

「いつも楽しんでいたいです。なんか思いきりね」

そんな親の姿を見て、そして美味しい作物に囲まれ、子どもたちは育っていく。秋庭さんが子どもの頃に気づけなかったという農家の豊かさ。だからこそ、息子たちには気づかせてあげられる。

秋庭農園には、保育園の小さな子どもたちはもちろん、中学生や高校生、そして大学生、さらにはさまざまな大人たちも集う。主婦、OL、空間デザイナー、星つきのシェフ、料理研究家……。この場所で楽しく賑やかに過ごしているみんなの姿からも、子どもたちは豊かさを感じるのだろう。

訪れた人たちと一緒に、ビニールハウスの中で食事をすることも少なくない。

「みんなで食事をすることも、息子たちへの食育のひとつだと思うんです。食べ物を粗末にすることや食事中の行儀には、厳しくしていこうと思っています」

秋庭さんは、食べ物をつくる大変さを知っている。

たとえば、畑でたくさんの実をつけたズッキーニは、大学生たちが自主的に手伝いにきてくれて無事に成長したものなんだそうだ。畑でひたすら草を抜いたこともあった。朝早くから汗を流し、「立派に育て」と、手が擦り切れるほど手伝ってくれたもの。そんなふうに多くの人たちの力で秋庭農園はつくられている。

「そんな過去があったと、たくさんの人たちの想いやエネルギーがつまった畑の景色を、感じ取れる人間に育ってほしいと思います」

それが息子たちに望むこと。

自然に左右される農業。作物を育てる大変さも、食べ物の大切さも、子どもたちだけでなく、僕たち大人こそ、ちゃんと知っていなければいけないこと。そして、秋庭さんが言う農業の豊かさや楽しさも、知っていたいと思う。

早い、安い、美味い。そんな食事、本当はあるはずない。

家族をど真ん中において

やがて大人になっていく息子たちに伝えたいこと。

「親離れして、できる人の生き方をたくさん、いや一人でもいいから見て、それを真似てでもいいから、自分の生き方をつくっていってほしいですね」

そう聞いて、最初はピンとこなかった。自分の背中ではなく、他人の背中を見てほしい、そんな意味に感じられたから。だけど今は、秋庭さんが言うとおりだなと思っている。

誰だって経験できるのはひとつの人生だけだ。娘が大きくなった時に、僕ができるアドバイスなんてたかが知れている。それはたったひとつの人生をもとにしたアドバイスでしかない。子どもが自分の生き方をつくるには、親以外の背中があった方がいい。それでも、秋庭さんの息子たちが見続けるのは、父の生き方かもしれない。

秋庭農園が目指すのは、〝家族〟が見える農園。

「僕が幼かった頃って、親にほとんど遊んでもらったことがなかった。農家の印象ってとにかく忙しくて、家庭っていうところにまで目が届かない職業なんだなって思っていました」

今、秋庭さんは「家族をど真ん中においた農業の暮らしや生き方をしていきたい」と考えている。「家族はすごく安心なものであって、協力し合うことで、どんなことでも前に進めていくことができる」から。

子どもの頃は誇りをもてず、恥ずかしいとさえ感じていた家業。けれど今では、農家の息子で良かったと思っているそうだ。

「僕たちがつくった米や野菜を、僕たちのことを知らずに食べている人と、僕たちのことを知って食べている人の感動の違いってあると思う。だから、やっていきたいのは、僕たちのことをちゃんと伝えていくことなんです。既存の流通にのせる方向と、自分たちの個性をだしていく方向。その両方ができて、そしてきちんと使い分けをして、農業や食の豊かさ、そして家族と暮らしていく安心感っていうものを伝えられたらなと思っています」

秋庭さんを〝農家〟とひと言で呼んでしまうのはもったいない。米や野菜をつくっているという点では農家だ。けれど、農業の豊かさを、自分の息子たちにはもちろんのこと、秋庭農園を訪れる多くの子どもや大人たちにも、感じてもらいたいと思っている。奥さんと共に、楽しく、そしてセンス良く。

「みんなで田植えするのって、すごい楽しいんですよ。素足でヌルっとした土の中に入って、泥んこになって、音楽聞きながら田植えして。雑草取りなんて苦痛なはずなんだけど、みんなでやるっていうことで心地いい汗をかけるんです。そういう体験って、非合理的なものなんだけど、本当に人が求めているもの。土からエネルギーを感じるとか、細胞が喜ぶとかってよく言いますよね」

僕自身が、便利さと引き換えに手放してしまったもの、忘れてしまったものは、確実にある。そんなことを感じた一日。

娘がもう少し大きくなったら、一緒に田植えをしに行こうと思う。


「料理人は、自分で見た景色や空気の匂い、土の感触を、ひと皿の作品に表現する」

そう教えてくれた。

秋庭さんが表現する場所は、皿の上から土の上へと変わった。

家族と、そしてこの場所を訪れるたくさんの人たちと、これからどんな表現をしていくのか楽しみだ。まだまだ始まったばかりの秋庭農園。きっと、目指す場所まで笑顔を忘れず進んでいく。

L'VERT

子どもたちが大好きな世界を

浦谷和生

Uratani Kazuo

プランナー

1981年生まれ

●

長女

2009年生まれ

長男

2012年生まれ

子どもの
新しい遊び

「はじめまして」

僕の前に差し出されたのは、鮮やかな黄色い名刺。名前の横にはひらがなで（しゃちょう）の文字が。名刺の主は浦谷和生さん。〝子どもとの新しいコミュニケーションをつくる会社〟BUTTON《ボタン》の代表だ。

スマホアプリやウェブサイト、プロダクト、インスタレーションなど、手掛ける仕事は幅広い。子ども向けの事業を展開している企業や団体のクリエイティブパートナーとして、企画、制作、開発をおこなっている。さらに、デジタルテクノロジーを利用した〝子ども向けの新しい遊び〟の研究開発にも力を注いでいる。

BUTTONの設立は二〇一六年七月。スタートしてまだ間もない会社だ。浦谷さんは代表とはいえプレイヤーでもある。あえて職種を表すとしたら、プランナーやディレクターといったところ。

僕は、娘が小さいうちは、たとえばスマホやタブレットのようなデジタル機器にはできるだけ触れさせたくはないと思っている。小さな画面の中で完結してしまうことが、子どもにとって良いことだとはどうも思えなかった。画面の中にはなんだってあるが、どれも例外なく無機質な手触り感だ。逆に、体をつかったリアルな世界での遊びには、なにかしらの発見や成長がある。

とはいえ、スマホを渡すと子どもはおとなしく一人でいてくれるという話も聞く。育児という面から考えれば大助かりであることは事実。見たことのない世界を知り、子どもが興味を広げていける可能性だって充分にある。そして、デジタルネイティブ世代である子どもたちにとって、これから避けては通れないものでもある。そう頭では理解していながら、「でもな」という気持ちは消えやしない。頭の固い父親だ。

ただ、BUTTONがつくる子ども向けの新しい遊びには、デジタルテクノロジーを駆使しながらも、体を動かして楽しむという昔ながらの遊びの魅力がちゃんと残っている。子どもたち自身が主体的に動くことで成立する遊び。主役は子ども。デジタルテクノロジーはあくまでも裏方だ。

「世のなか的に、アナログの良さとか、体を動かすこととか、そういうことを失っていきつつあるとは思っているんです。みんなで公園に集まっても、やっているのはゲームだったりとか。そういう時代になりつつあるんだなって」

時代の流れだから仕方がない。なんて言ってしまえばそこまでだけど、浦谷さんたちはその先へと進んでいった。

「デジタルテクノロジーを使ってエンターテインメントをつくりあげる時に、スクリーンの中だけで完結させるのではなくて、その外側で身体性を発揮していけるような遊び方を共存させることはできるって思っているんです」

大阪で行なわれたあるイベント内で、BUTTONは子ども向けの体験型フェス「ぱぱぱPARTY!」を開催した。

全長十二メートルもの巨大なマット製の壁に、体ごとぶつかったり、叩いたり、蹴ったりすると、「ボコッ!!」「どんっ!!」といったさまざまな効果音が漫画風の文字になり、音と共に現れる『オノマット・ペー』。ボールプールのボールを壁に投げると、当たった場所にペンキが飛び散った跡が現れる『ポイポイペンキ』。これらのように、子どもたちが体を使って楽しめるいくつものコンテンツを、デジタルテクノロジーを駆使してつくった。イベント当日、会場には夢中になって遊ぶ子どもたちの姿があった。

「僕たちがこういったコンテンツをつくる時は、身体性の高いものにしたいって思っているんです。それは外したくないところ。アートのようなものよりかは、どちらかというと遊びや学びにフォーカスしたものをつくりたいんですよね」

子どもたちの想像を超えた出来事、
その感動がきっと心をゆさぶる

浦谷さんは二児の父。二〇〇九年生まれの娘と、二〇一二年生まれの息子がいる。

「子どもたちがずっとゲームをしていたとしても、楽しいのであればそれはそれでいいとは思うんですけど、親からすると罪悪感に近いものを感じる部分もあるんですよね」

罪悪感の正体はなにか。子どもにとって必ずしも悪いものではないのかもしれないけれど、かといっ

て良いものでもない。そんな意識が、親の心のどこかに存在しているから。そういうものを与えてしまっているがゆえの罪悪感。

「だけど、たとえば『オノマット・ペー』や『ポイポイペンキ』で子どもたちが遊んでいる姿を見ても、デジタルテクノロジーを与えているにも関わらず、僕はまったく罪悪感を感じないんですよ」

どんなものでも使い方次第で善し悪しは変わる。デジタルテクノロジーを使って、課金制のゲームをつくることもできるし、BUTTONのように体験型のコンテンツをつくることもできる。それは大人の心意気次第。


「子どもができてから、ずっと子どもを観察するようになったんです。『なんでこんなに笑ってんのやろ？』『なんでこんなに夢中になってんのやろ？』とか。メッチャしょうもないことにメッチャ時間をかけてやったりするじゃないですか。子どもと遊びに行っても、『えっ、それ何が面白いん？』みたいなことが結構あるんですよね」

そこには、僕らが子どもだった頃と変わらない普遍的な楽しさが存在しているようだ。

「僕にとって、自分の子どもたちが一番身近な存在なので、一番見ているんですけど、自分の子どもたちが喜ぶことや楽しいことが、他の子どもたちも喜べて楽しめることだと思っているんです。そういう部分を上手く抽出して、そこに対してデジタルテクノロジーは使うんだけれども隠せるところまで隠していく。その力を使って、根本的かつ普遍的な楽しさにどう味付けをしてあげられるのか、どう昇華してあげられるのか。そういう意識をしながらコンテンツを考えていることが多いんです」

子どもたちとの生活のなかに、ヒントがある。

「発見の連続ですね、本当に。子どもたちから教えられることがメチャクチャ多い。月齢や年齢を経ていく上でも、見えてくるものが全然変わってくる。自分の子どもたちと遊ぶことも、どこかへ行くことも、叱ることも、子どもたちと関わること全部が、仕事にフィードバックされるんですよね」

BUTTONをつくった理由のひとつは、「仕事とプライベートを器用に分けることができないから、四六時中、子どもについて考えていたかった」こと。

子どもたちから得たものが、楽しい形となって子どもたちの元へ戻っていく。

「どこかの誰かが『充分に発達した科学技術は、魔法と見分けがつかない』って言ってたんです。そういう発想って僕たちもすごく好きなんですよ。デジタルテクノロジーはできるだけ外に出さない。だけど、子どもたちの想像を超えた出来事が目の前で起こっている。その感動がきっと、心をゆさぶるんだろうなって思うんです」

子どもたちと
積極的に関わる
世界をつくる

以前は、BUTTONの親会社であるSTARRYWORKS《スターリーワークス》に所属していた浦谷さん。企業プロモーションに関するディレクションや制作などを担当していた。

「子どもが生まれてから自分の生活が大きく変わったこともあって、子どものために何かをつくることをライフワークにしていきたいって思うようになったんです。でも基本、仕事が忙しいので、プライベートの時間でつくるのは難しかった。であれば、会社のなかで利益もちゃんと見据えたうえで、子ども向けのものをつくっていけないかって考えたんです」

そしてつくったもの。たとえば「PLAYFUL《プレイフル》 BOOKS《ブックス》」という絵本。外側からは見えない場所にスマホをセットし、ただ読むだけではなく、音やリアクションといった演出をプラスできる絵本。また、たとえば「クラフトがっき」。特殊な紙に、特殊なペンで自由に絵を描き、専用デバイスとアプリを接続することで音の出る楽器になるプロダクト。

少しずつ子ども向けの仕事を始めていき、BUTTONを立ち上げるに至った。

「自分に子どもができる前は、子どものために何かやろうっていう思いはまったくなかったんです。自分が結婚したり、子どもができてから、考え方が大きく変わったんじゃないかな」

BUTTONのウェブサイトには、こんな一文がある。

子どもたちが世界を大好きになってくれることが、より良い未来をつくっていくはず。
そのために最も重要なのは、子どもたちと積極的に関わる世界を作る事だと
BUTTON INC.は考えています。

「なによりも大事なのって、『あぁ愛されてるな』『自分って、いていい存在なんだな』っていう感覚を、ちゃんと子どもに与えてあげることなんじゃないかなって、僕は思っているんですよ」

僕らが子どもだった頃と比べて劇的に変わったのは、インターネットとスマートフォンの存在。自分の興味をどこまでも広げていける環境になった。さらに、共働きの家庭も増え、親が子どもと接する時間はどんどん減っているのかもしれない。

「僕たちは積極的に子どもと関わってあげないといけないんじゃないかって。関わられた子どもが増えると、その子たちは自分でもいろんなことに関わって、何かものごとをつくったりとか、変えていったりする可能性が高まると思うんです。それで、大人になってからも、人や社会やいろんなことに対して関心をもって積極的に関わっていってほしい。無関心でいてほしくないですよね」

子どもとの時間を新たに生み出すことができれば理想的だけど、それだけが解決策ではないようだ。

「時間的な制約を超えるものは、デジタルテクノロジーやインターネットの力でつくりだしやすい」

浦谷さんはそう話す。

「たくさんの時間、子どもと触れ合っていくのは現実的には難しくなっていくと思うんです。だとしたら、『関わってくれている』『大事にされている』って、子どもがちゃんと認識できるように、子どもとのコミュニケーションの質やタイミングを最適化していかないといけないのかなって。もちろん賛否両論はあるでしょうけど、考えていくだけの価値があること。実際に自分自身が子育てのなかで感じた不具合や問題点を、自分ならどう解決するだろうか、じゃあドラえもんだったらどう解決できるのか、みたいにね」

子どもとのコミュニケーションの質やタイミングの最適化？

うまくイメージできていない僕に、「すごくおおざっぱに言うと」と、前置きして簡単な例で説明してくれた。

夕食の準備をする時は子どもの相手はできない。スマホのゲームをやらせて子どもを放っておく場合、その時間は親子の関わりが分断された状態になる。だけど夕食の準備が終わった後に、親が子どものやっていたゲームを採点してあげるフェーズがあったとしたら、子どもを放っておいた時間を補完するコミュニケーションをとることができる。たとえばそういうこと。

「デジタルテクノロジーを使った子どもとの関わり方のデザインというのは、直接的にも間接的にも、もっともっとやっていける余地があると思うんです」

当たり前のことを
当たり前のように

平日、浦谷さんが帰宅できるのは子どもたちが寝たあと。もっぱら休日が子どもたちとの時間だ。

「子どもって近所の公園に行ってもずっと飽きずに遊んでるじゃないですか。それはそれでいいんですけど、僕は飽きちゃうんですよね。それで、僕が楽しめていないと子どもたちが少し気を使うんです」

だから、近所の公園に行こうと誘われたら「ピクニックにしよう」と逆に提案するんだそうだ。

「ピクニックだったら僕も楽しめる。大きな遊具のある公園におにぎり持って遊びに行って、奥さんと一緒にコーヒー飲みながら子どもたちが遊んでいるのを見ていたりとか。そういうふうに、子どもたちも楽しめて、自分も楽しめる方向にもっていくことはすごくある。釣りやアスレチックの場合もありますし、娘と一緒に料理をしたりとかも」

いいアイデア。

「子どもが幸せになるためには、親も楽しめないと」

それが浦谷さんの考え方。

「過度に愛情表現をするっていうのも心がけていますね。平日はあまり会えない分、会っている時には、ハグをするとか、言葉で伝えるとか、明確に愛情を感じられる行動っていうのをできるだけ心がけているんです。僕が子どもに対して愛情を注ぎたいと思えるのは、たぶん父親と母親からそうやって愛情をもらっていたからなんだろうなっていう気はするんですよね。当たり前のことを当たり前のようにやってくれたというか」

浦谷さんは福井県出身。三人兄弟の長男で実家は魚屋。

「自分の両親も祖父母も、子育てに苦労したっていうことを語る人はいなかったんです。苦労はしていたんでしょうけど、きっと当たり前だからやってきていた。だけど実際に自分が親になると、『なんだこれ、思い通りにいかないことだらけじゃないか』って、『全然当たり前じゃなかった』って思っちゃったんです。もちろん妻が一番大変。

今の時代だとインターネットで可視化されていますけど、僕たちの親世代も、祖父母世代も、おそらくみんなずっと思っていたんじゃないですかね、大変だって。もしくは気づく余地もないくらい当たり前のことだったのかもしれない。でも、自分が親になったら全部見えたんです」

親になって気づいた、親への感謝。

父は子育てに口を出すことは少なかったそうだ。子どもたちの成績にも無頓着。

だけどその代わり。

「なんでも好きなことをやれっていう父親だった。僕が『やりたい』って言ったことに対して、ダメって言ったことって多分ないんじゃないかな」

どちらかというと父親に似たと言う浦谷さん。

「自分自身、伸びたって思えたものって楽しかったんですよね。のめり込めるものが見つかって良かったなって思う部分もある。たぶんそれは、父親が『これをやりなさい』『あれをやりなさい』っていう感じではなくて、『きっちりと何でもやろうとしなくてもいいから、自分がやりたいと思ったことを、なんでもいっぺん挑戦してみたらいい』っていうスタンスでいてくれたからでもあると思うんです。生きているっていう実感がもてるようなことをやりたいってずっと言ってた僕を、オトンが横から『おうええぞ、やれやれ』みたいな感じで送り出してくれていた気がしますね」

だから、親になった浦谷さんはこう思う。

「なんやかんやで、自分の父親みたいな父親でいたいって思っているのかもしれないです。子どもに対して、これはアカンあれはアカンって言う親にはなりたくないなって。子どもたちが『やりたい』って言ったことをやらせてあげられるような、可能性を最大限に伸ばしてあげられるような親でありたいですね」

自分も楽しくて
子どもたちも楽しい世界を

「BUTTONを立ち上げてから、いろんな人と会って話を聞いたりすると、結構みんな子どものことを考えているんだなって。一緒にやろうって声をかけていただけることもたくさんあるんです。少子化が進んでいるし、子ども向けの仕事は普通に考えると縮小傾向にあるのかなとは思うんですけど、でも誰かが何かをやっていかないと、状況は改善されていかないですしね」

子どものため、だけではない。

「子どものためにっていうことはもちろんありますけど、そのために自分を犠牲にするっていう精神は僕にはあまりなくて。自分も楽しくて、子どもたちも楽しい世界をつくろうと思っています」

子どもが楽しそうにしていると、親は嬉しい。

親が楽しそうにしていれば、子どもだって嬉しいはずだ。

「可能性の芽を子どものうちはたくさんもっていてほしい。これから長い人生のなかで、いろいろと道を選択して、だんだんと可能性は狭まっていくんですよね。もちろん、大人になってから可能性の芽を別のところに広げることもできるんですけど、子どもの時から好きでやっているものとか、子どもの時の可能性の広がり方というのはすごく貴重。だから、その時代にデジタル一辺倒になってほしくないな、という思いもあるんです。デジタルって素晴らしいものですし、いろんなことを解決してくれる魔法にもなり得るものなので、これからの生活で子どもたちは絶対に避けていけないものだと思います。でも、アナログなものの魅力っていうのも、世の中にはすごくたくさんある。そのバランスをとってほしいなって、親としては思いますね」

きっと、大人よりも子どもの方が、時代の空気を感じる力は強い。彼ら、彼女らは大人になるにつれ、その時代を生きていくために必要なものを感じとっていく。

子どもたちが生きていくのは、まだ誰も経験したことのない世界。時代の変化が速ければ速いほど、僕ら親世代がもつ感覚と異なっていくのは当然のことなんだろう。

ただ、どれだけテクノロジーが進化し時代が変わろうとも、人間の根っこの部分は変わらない。いつの時代だって、大切なのは愛情だ。

子どもたちの故郷

302

佐藤芳秋

Sato Yoshiaki

大家

1982年生まれ

●

長男

2010年生まれ

長女

2014年生まれ

子どもたちの環境や可能性を
左右する立場にいる

娘の故郷をどこにしようかと、考えている。

自然や大きな公園がある街。個人で営んでいるような小さい店が元気な街。子どもがたくさんいる街。子どもの成長を見守ってくれる人が大勢いてくれたらなお良し。娘のためとは言いつつも、そんな街で暮らしたいのは、なによりも僕自身かもしれない。仕事のことや、僕と奥さんのお互いの実家の場所も考慮すると、選択肢はそれほど多くはない。

ただ、街は変わっていくものだ。今、良い街であっても、これからずっと良い街であり続けるとは限らないし、僕たち家族にとっても、良い街の基準は変わっていくだろう。だから、その街のことを考えている人がたくさんいるかどうかということも大切だ。

東京都世田谷区にある松陰神社前駅は、改札のない小さな駅。渋谷から田園都市線に乗り、一駅目の三軒茶屋駅で二輌編成の世田谷線に乗り換え、住宅街のあいだを走ることおよそ五分で着く。背の低いホームを降りると、すぐに商店街がある。都心からさほど離れていないにもかかわらず、どこか懐かしさを感じる街だ。

佐藤芳秋さんは松陰会館の三代目。二十四歳で入社し、現在は常務取締役をつとめている。その肩書きだけを見れば結構な年を重ねていそうだけど、まだ若い。僕と同じ一九八二年生まれ。

いっけん、公民館と勘違いしそうな松陰会館という社名は、「地元の人が集まれる場所をつくりたい」との理由から創業者である祖父がつけたそうだ。事業の中心は、不動産の賃貸業とプロパンガスの販売。

佐藤さんはこの街で生まれ育ち、今もこの街に住み、そしてこの街で働いている。

「小さい子どもを連れて歩いていると、全然知らないおじいちゃんとかおばあちゃんとかの『あら可愛いわね』っていう言葉から、世間話が五分くらい繰り広げられるみたいな。そういうのは昔もあったし、今も変わらずにあるっていうのは、この街のいいところ。人と人との距離感みたいなものが、ちょうどいいと思うんです」

商店街には、昭和の前半から続いている昔ながらの店が多い。けれど、若い人が店主をつとめる新しい店もこの街に溶け込んでいる。世代を超えた関わりによって、空気感のようなものも受け継がれていくようだ。

そして、この街に住みたいという人も増えているそう。

「今まで都心に住んでいた僕ら世代の人たちが、少し落ち着いたところで子育てをしながら自分のペースで生活をしたいって考えた時に、すごくちょうどいい距離感やスケール感だったりするみたいですね」

もっと、子どもたちが日常的にいられる街にしたい。佐藤さんはそう思っている。

「子どもってすごいなって。僕たちからしたら未来人なわけじゃないですか。子どもたちの環境や可能性を左右する立場に自分がいるんだって、子どもができてから思うようになったんです」

子どもが、

たくさんいる街は

「今、自分がどんな行動をするか」

それによって変えられるものがあるけれど、変えてしまうものだってある。不動産の仕事の場合は特に。

「不動産って読んで字のごとく動かないので、僕が今なにかをやったら、それが少なくても五十年っていうレベルで残っていくわけじゃないですか。たとえば自分たちのことだけを考えて、会社が儲かるからラッキーなんて感じでやっていたとしたら、果たしてどうなっていくんだろうかって思いますよね」

松陰会館は自社で保有している物件が多い。ただ単に稼ぐことだけを考えるのであれば、もっと稼げるのかもしれない。だけど、「街の未来を変える可能性がある立場」と話すように、大切なのはこの街の未来。同時にそれは、松陰会館の未来でもある。

佐藤さんが言う「子どもたちが日常的にいられる街」。そこに必要なのは、大人の寛容さや、大人同士の関係性といったもの。

「寛容さっていうのは、子どものことをなんでも許すっていうことではなくて、たとえば隣に住むおじちゃんに自分の子どもを怒られた時に、『ありがとうございます』って言えるような寛容さ。それに、大人同士の関係ができていれば、他の家の子どもを怒ることだってできるじゃないですか」

良いものは良いと褒める。悪いものは悪いと怒る。そんな当たり前のことが、他人の子にはなかなかできない。友だちや親戚の子どもにはできても、近所の子どもとなると僕は躊躇してしまう。

「ここの商店街に僕がよく行く飲み屋があって、店主のことも知っているんです。たまに子どもを連れて昼間にも行くんですよ。それで、店でうちの子が悪いことしたら店主が怒るわけです。そんなふうに、商店街って子どもを育てる可能性も秘めてるなって思う。大人同士の関係ができているところに子どももいられるんですよね」

子どもたちが日常的にいられる街は魅力的だ。ただ、僕は父親だからそう思うのかもしれない。たとえ子どもがいなくとも街は成り立つ。大学生や若い人たちが住みやすい街であれば、街の高齢化が特段進むことにはならない。子どもは街の人の迷惑になる行動をすることだってあるし、子ども自身が街で使うお金は微々たるものだろう。

「子どもがたくさんいる街は、すごく可能性をもっているし、すごい資産だって僕は思っているんです」

先行投資のようなもの。不動産を扱う会社なだけに佐藤さんはそう表現した。けれど、ビジネスのためだなんていう雰囲気は感じなかった。

「僕はこの辺で育って、おつかいに行くのもこの商店街だったんです。パン屋のおじちゃんとか、薬屋のおばちゃんとかと話したことだとか、働いている姿を見たことだとか、ここでした原体験って大人になってもずっと残っているんです。もし僕がこの街にパンを買いに行ったりしていなければ、たぶん今みたいな活動はしてないと思うんですよね。今の子どもたちも同じようなことが感じられるように大人がやっていれば、おのずと子どもたちも自分の故郷だと思って、何十年後かにここで商売をやったりだとか、また住んでみたりだとか。そういうふうになっていくといいなって」

子どものためだからといって、子ども目線のことが必要かと言えばそうでもないようだ。子どもはきっと、大人になりたいと思っている。佐藤さんも僕もそうだったように。

「今のこの街の状況ってすごくいいなって感じていて。みんな子どものことは意識しているけど、子ども向けのサービスをやっている店ってすごく少ないんです。だけど、『店に来てくれたら全然いいよ、普通のお客さんとして扱うよ、その代わりちゃんと一品オーダーしてね』みたいな。そういうことって大事なんじゃないかなって思うんです」

思い出の場所に

佐藤さんの仕事はこの街のことが中心だけど、二〇一五年に代官山にオープンした、子どもとクリエイターがテーマのビル「SodaCCo《ソダッコ》」にも、プロデューサーとして携わった。

ちなみにこのSodaCCoは、仕事を兼務している佐藤商会でのプロジェクト。佐藤商会とは、松陰会舘同様に祖父がつくった会社だ。

築四十年以上のオフィスビルをリノベーションした建物は、クリエイターのシェアオフィスや子どもをテーマとしたテナント、そしてイベントスペースなどで構成されている。

「子どもたちってものすごいクリエイティブ。親だったり学校だったり、いろんな影響を受けて良いようにも悪いようにもなる。いろんな可能性をもっているんですよね」

リノベーションをして、普通にどこかの会社に貸すという方法もとれただろうし、きっとその方が簡単だったのでは、という目先のお金重視の考えが僕の頭をよぎった。

他の選択肢もある中からSodaCCoに決めたのは、こう考えているから。

「環境を整えることで、子どもたちがこの場所に愛着をもってくれるようになれば、大人になった時にこの場所に帰ってきてくれる」

佐藤さんが見ているのは、ずっと先の風景。

松陰神社前駅のすぐ近くに二〇一六年にオープンした「松陰PLAT《プラット》」も佐藤さんが携わった仕事のひとつ。建物の中には、花屋や雑貨屋など、商店街に不足しているジャンルの店が並んでいる。二階へ続く大きな階段が特徴的。

「この街のランドマーク的な建物にしていきたいんです。渋谷でいうとハチ公前みたいな。ハチ公前集合ってなると、昔ドキドキして行ったじゃないですか。それと同じようにあそこで子どもたちが集まって、その子たちが大きくなって。僕らの思い描いた妄想は、あの階段で高校生のカップルがイチャイチャしていること（笑）。あそこが思い出の場所になったらいいですね」

佐藤さんは、「せたがやンソン」というウェブサイトの運営もしている。松陰神社前はもちろんのこと、世田谷区のだいたい真ん中にある地域のことや、そこに住む人や商売をしている人のことを紹介している。写真も文章もクオリティが高く、人間味あふれるサイトだ。

会社の二階に地域の人のためのコミュニティスペースをつくったり、街で開催される祭りの運営事務局を担ったりもする。

「長いスパンで見ないと成り立たないと思っていて。逆に短期的に儲けようと思ったらいろいろやりようはあるんですけど、本当にそれでいいのかって。僕は、子どもたちとか未来の人のためにって勝手に思っちゃうから」

今は、保育園つきのアパートの計画を進めているそうだ。

「働く環境や育てる環境がそれほど遠くならずに、この街で生活して子育てしてっていう人たちを増やしていけたらいいなって思うんです」

街づくりというよりも
未来づくり

今後も人口が減少していくことを考えれば、魅力のない街から住民が減っていくことは簡単に想像できる。何もせず現状維持では、街はいずれ廃れてしまうのかもしれない。かといって、魅力的な街になれば安泰かというとそうでもない。

街に人気がでると、人が集まり地価があがる。すると個人が店を出しにくくなり、どこにでもあるようなチェーン店が増えていく。そしてどこかの街をコピーしたかのような姿に変わっていく。街の盛り上がりにはそんな可能性も含んでいる。

この流れの中に悪い人がいるというわけではない。高く貸せるものを高く貸すことも、店をチェーン展開していくことも、当然のこと。喜ぶ人だって少なくない。だけど、そればかりになってしまってはつまらないと思ってしまう。

そういう街に愛着がもてるか、ずっと住んでいたいか、そう聞かれたら僕はイエスとは答えられない。やっぱり、これまで根付いてきたものや、これから根付いていくものが、街の雰囲気をつくっていくんだと思う。だからバランスは大切だ。

「大家さんは責任重大なわけですよ。街づくりっていうよりも未来づくり。すごい責任があるなって思う」

この仕事をするうえで大事なことを聞くと、佐藤さんの答えは「諦めること」との意外なもの。

「みんなそうだと思うんですけど、何か事業をやろうって考えると、ある程度自分のやりたいビジョンが明確にあって、そこに対してどれだけ近づけるかっていうことだと思うんです。でも、街って絶対思い通りにいかないですよ。だからポジティブな意味で諦められること、まあしょうがないなっていう気持ちをもつっていうことが、この仕事をするうえではすごい大事だなって」

佐藤さんが言う「思い通り」は、自分のためではなく、子どもたちや未来の人のため。

「ビジョンとか目的を手前にもってきすぎると息切れしちゃうので、僕は何かやる時はいつも五十年スパンで考えているんです。五十年後こうなるって。そのためのブレイクダウンとして何個かあるけど、そこだけを目的にしてしまうとやってられないことばっかりになっちゃうので（笑）。だから長い目で見て、短期的なところでは諦められる気持ちをもっていないと」

その反面、魅力はこう。

「子どもたちが街で育っていくところを日常的に見れることですかね。そういうことをふと思い出すと『あぁ、やってよかったな』って思う。それこそ、せたがやンソンで取り上げさせてもらった人やコミュニティスペースに来てくれる人の子どもたちが、当時は一歳とかだったのにもう小学生になっていて、『うわぁ大きくなってんな』って」

まるで親戚のおじさんのよう。

人によって違う、良い街や、良い社会の定義。いろいろな事情が絡む大人たちそれぞれの主張よりも、これからの時代を生きていく子どもたちのことを考えていけば、目指す方向はそれほど変わらない。なんだかんだ言いながらも僕らが生きていられるのだって、前の世代の人たちや、その前の世代の人たち、さらにはずっとずっと前の世代の人たちのおかげだから。

大人が子どもたちを、
にこやかに見守れる街

僕はこれまで、子どものことも、子どもを育てている親のことも、これっぽっちも考えていなかったくせに、自分が父親になった途端、「子どもにとっていい社会であってほしい」なんてことを思っている。

これから子どもたちが生きていく社会は、どうあってほしいか。佐藤さんにも聞いてみた。

「ひと言でいってしまえば、楽しい社会であってほしいですね。そのために必要なのは、大人も子どももお互いの顔がちゃんと見えて、知っていられる関係性をつくるっていうことだと思いますよね。それは、苦しいことも嫌なことも、楽しいことへと変換するための鍵なんじゃないかなって。たとえば何かに文句を言うのは、誰がやっているか知らないから。見えざる何かに対してだからそうなる。でも、相手のことを知っていて『この前、すごいにこやかに対応してくれたしな』って思うと、そこまで言わなくていいかって考えなおしたりする。そういうふうに、諦められることにもなっていく関係性をつくる。そのために一人ひとりが寛容であって懐が深いと同時に、自分から自分自身のことを開示していくことは重要なんだろうなって思っているんです」

佐藤さんには、二〇一〇年生まれの息子と、二〇一四年生まれの娘がいる。

「子育てってもう修行じゃないですか。自分が試されてる。完全に子どもは自分の鏡なので、悪い言葉を使っているとすぐ真似されたり。そういう意味で言うと子育てをしてるっていうよりは、僕も一緒に育っていってる感じがあります。子どもたちがある程度大きくなっても、子どもたちから学ばせてもらえるような関係性を築きたいなって思うんですよね」

この街は、佐藤さんがこれからもずっと住んでいく街。そして、二人の子どもの故郷となる街。最後に聞いた。佐藤さんにとって良い街とは？

「子どもたちの声が溢れていて、大人たちがそれをにこやかに見守れる街だと思います」

自分たちが住む街は、自分たちで良くしていく。それが子どもの故郷になるわけだから。そんな当たり前のことを、僕は忘れていたようだ。

ある意味、街はそこに住む人たちの鏡。

世田谷青色申告会

大人の背中、子どもの背中

野村亮太
Nomura Ryota

ランドセル職人
1983年生まれ

•

長男
2012年生まれ

長女
2014年生まれ

次女
2017年生まれ

ピカピカの一年生

四月。小学校へ向かう子どもたち。後ろ姿を見れば、一年生はすぐに見分けがつく。背中からはみ出すほど大きく、そしてまっさらなランドセルは、あっという間に似合うようになり、六年が経つ頃には小さく感じさえするのだろう。

春になると自動的に学年がひとつあがる子どもたちとは違って、大人の年月はひとつなぎのようなものだ。大人になった途端、一年の区切りというものが見えづらくなった。だけど、娘が小学校へ通うようになったら、毎年、新年度がきたことを実感するのかもしれない。

僕が小学校へ入学した時、ピカピカで体に馴染んでいなかったランドセルに入っていたのは、どこかの宣伝文句にありそうな夢や希望といったものではなく、不安だけだったように思う。けれど、それでも六年間を過ごし卒業を迎える頃、傷や汚れがつき、少し潰れて形が変わってしまったランドセルには、今思えば確かに、夢や希望のようなものが入っていたのかもしれない。

ランドセルは子どものものだ。まだ先のことだけど、娘が小学生になった時、ランドセルに親の気持ちばかりを詰め込んでしまわないように気をつけようと思う。

子どもが小学校へ入学することは、子育ての節目のようなものだろうか。

そんなことを考えながら、この本の最後はランドセル職人に決めた。

ひとつだけのランドセル

ランドセル職人の野村亮太さんに会いに、東京都足立区にある土屋鞄製造所の工房を訪れた。入口から中へ進むと、壁には子どもたちから贈られたお礼の手紙がたくさん飾ってある。その先にある工房では、ランドセル製造の真っ最中だ。ミシンの前や床の上など、それぞれの場所で、各々が担当している工程にとりかかっている。

一九六五年に創業した土屋鞄。当時は職人ふたりの小さなランドセル工房だった。それから五十年以上が経ち、職人は増え、工房は大きくなり、数えきれないほどのランドセルをつくってきた。土屋鞄には野村さんのように若い世代も多く、「職人」や「工房」といった言葉からイメージされる姿とは少し違うかもしれない。

ランドセルづくりは入学式の一年以上も前から始まり、完成したものから子どもたちの元へ届けられていく。最後の発送が終わるのは入学式を控えた三月。その頃にはすでに、翌年の新一年生のためのランドセルづくりがスタートしている。

工房の近くでも、土屋鞄のランドセルを背負う小学生たちを、毎日のように目にするそうだ。

「側面のミシンのかかり方とか、入っている補強材の形とかを見たら、すぐにうちのランドセルだってわかるんです。馴染み具合とか、どんな使い方しているかなとか、見ちゃいますね」

そう話す野村さん。土屋鞄の場合、ひとつのランドセルに用いるパーツの数は一五〇以上。工程は三〇〇を超えるそうだ。

「すごくたくさんの人が関わってつくる。それでも同じクオリティのものをきれいに仕上げていくっていう面白さがあるんです」

たとえば、一人ひとりの仕事の精度が少し落ちただけで、それは積み重なり仕上がりに大きく影響を与えてしまう。高校を卒業してすぐに入社してくる十代の若手も、何十年も働く八十歳近いベテランも、一緒になってランドセルをつくる。仕事の合間に話すのは、休みの日のことであったり、美味しいごはん屋さんのことであったり。

「家族みたいな一体感があるんです。すごい楽しいですよ」

ベテランの職人たちからすれば、子どもや孫と一緒に働くようなものだろうか。

工房に併設されている店舗では、開店したばかりにも関わらず、すでに多くの家族がランドセルを選んでいた。職人たちがランドセルをつくっている様子は、店内からも見ることができる。この日も、工房を見つめる子どもたちの姿があった。

「たくさんつくっているけど、子どもたちにとっては、ひとつだけなんですよね」

いろいろな世代が集うこの仕事の中心にいるのは、きっといつだって子どもたちだ。

誠実に、
真心をもって

野村さんが土屋鞄に入社したのは、二十五歳の頃。

服飾関係の専門学校を卒業し、帽子製造メーカーで企画営業の仕事をしていたある時、本当にやりたいことは「つくる仕事」だと気づいた。とっくに気づいてはいたけれど、なかなか踏ん切りがつかなかった。そんな感じだったのかもしれない。

「長く続けられる仕事がしたい」

その思いで土屋鞄に入社し、一からランドセルづくりを覚えていった。悔しい思いをしたこともあったと言うが、「切ったり、貼ったり、縫ったり。ずっと図工をやっているみたいな感じ」と、この仕事を表現するところからも、つくることが好きで、楽しんでいる様子がうかがえる。

六年間使い続けられる丈夫さと、美しい佇まい。図工のレベルは相当高い。

「一番きれいで早いやり方を突きつめていく感じは今でもありますね。自分がいいと思っていたやり方とは全然違うやり方を教えてくれる人がいたり。逆に自分が教える時は僕自身にも気づきがあって、こういう教え方をしたらこうなっちゃうんだなってわかったりもするんです」

一緒に働いているベテランの職人のように、ずっとつくり続けていくことが野村さんの理想の姿。

「先輩の職人さんが、『オレはこれしかできねぇんだ』って言いながら、ずっと続けているそれって、実は相当すごいことなんじゃないかって思うんですよね」

ものづくりをすることで誰かを幸せにできる。その想いが野村さんの根底にある。

「誠実に真心をもって人や物事に接していると、つくられるものにも反映されると思うんです。それは、土屋鞄の創業者から学んだというか、気づいたら自分もそういうマインドになっていたんですよね」

やりたいことがあるのは、
それだけでとってもいいこと

野村さんは三児の父。二〇一二年生まれの長男を筆頭に、二〇一四年生まれの長女、二〇一七年生まれの次女と続く。長男はもうすぐ小学生だ。もちろん、背負うのは野村さんがつくったランドセル。

「とにかく遊んでほしいですね。勉強も大事でしょうけど、遊びの中から得られるものがたくさんあると思うので、いっぱい遊んでほしいです。楽しいことがあるならそれでいいかなって」

そう話してから、「実際は勉強しろって言うんでしょうけどね」と笑う。

仕事着であるデニムのエプロンがよく似合う、気さくな職人。普段は分業制だけど、息子のランドセルはすべて自分でつくったそうだ。

子どもたちの世界が一気に広がる六年間。楽しいことだけでなく、辛いことや、悲しいこともきっと経験する。そんな経験もすごく大事なものなんだと気づくのは、まだまだ先のことだろう。きれいなまんまのランドセルもいいけれど、遊びたおし、使い古したランドセルも、味があっていいものだ。

子どもが三人いると、にぎやかで楽しそうな反面、大変な印象も少なからずある。

「一人目は大変だった記憶はあるんですけど、二人目も三人目もそんなに大変っていうのはないですね。もう慣れってすごいなって思います。それはひとえに、妻のすごさですね」

野村さんが仕事から帰ると、子どもたちはすでに寝ていることも多い。子どもたちは翌朝に、昨日の出来事を話してくれるそう。

「なるべく早く帰って家のことをしなきゃっていう思いは当然ある。だけど、子どもができたからって仕事が減るわけじゃない。それに、頑張れば頑張るほど、やれることも、やるべきことも増えますしね」

その分、休日は子どもたちと思いっきり遊ぶ。

どんな父親でいたいかと聞くと
「つねに元気で明るくいたいですね」

との答え。

「元気な人ってすごいと思う。まぁ、つねに元気でポジティブな人が土屋鞄にはたくさんいるんです。すごい仕事量でも、理不尽なことがあっても、つねに元気みたいな。そういう人って、人を惹きつけるし、悪い気をはねのけちゃうくらいのものを感じるので、そういう人に自分もなりたいなって思うんです」

野村さんは「ここで働くことで自分は変わった」と言う。

「思っちゃったなら言えばいいよっていう感じなんです。自分の存在や、発言することを認めてくれる。良いことはもちろん、それがたとえ誤ったことだったとしても。思ったことを言える世界ってすごくいいなって。たとえば、何か問題があったり、悩んでいたりすることを言えない人って多いと思うんですよね。それはちゃんと聞いてくれる受け皿があるかどうかだと思うんです」

それは親子の関係にも通じること。

「他の人には言えなくても、お父さんとお母さんには言えるっていうように、子どもにとって、その役割を果たす一番身近な存在は親である僕たち。子どもの存在やアイデンティティを認めることが、子どもの無限の可能性につながると思うんです」

考えていることも、何かを表現することも、まずは肯定的に受けとめる。もしもそれが間違っていることだったなら、そこから一緒に考えていけばいい。

「社会が肯定的で、まずは受けとめてくれて、認めてもらえることがスタートであれば、やる前から諦めてしまうことにはならないはず」

否定的な言葉や批判の言葉は、今ではいろいろなところにあふれている。だけど、そういう言葉を口にしてしまうと、気づかないうちに自分自身が否定や批判されることを恐れるようになる。やりたいことがあっても躊躇してしまうかもしれない。逆に誰かを肯定することができれば、自分自身のことも肯定できるようになるはずだ。

「やりたいことがあるのは、それだけでとってもいいこと」

だから自分の興味があることにどんどん挑戦してほしい。それが、野村さんが子どもたちに伝えていきたいこと。

「いいやつになってほしいですね。嘘をつかないとか、素直な人にね」

結局は人間だよ

父とは、最近になってようやく仕事の話をするようになったそう。

「親父は若い頃、職場での異動が何度かあったらしいんですよ。飛ばされてはまた戻ってきて。地方にも行ったし。たぶん上に訴えかける何かが強すぎたんだと思います。だけど、それでも腐らずにやってきたから今があるって。諦めなかったことで、結びついたものがいっぱいあるって言ってましたね」

土屋鞄に入るまで、何をやっても長く続かなかったことがコンプレックスだったという野村さん。そういう日々があったからこそ、ずっと続けていきたいと思える仕事にたどり着くことができたのだろうと思う。


あっという間に時間が過ぎ、帰り支度をしていた時。

「良い先輩がいっぱいいるんですよね」

そう言った野村さん。

職人と呼ばれる仕事には、言い方は少し古いかもしれないけれど、修行のような時間がつきものだ。その修行時代に覚えるのは、きっと技術だけではない。仕事に対する心構えや姿勢といったものも、前をいく先輩の背中を見て、自然と学ぶのだろう。育てる人がいるから続いていける。

つくることが好きな人たちがつくったランドセル。良いランドセルをつくり続けることは、技術さえあればできるというものではない。なんとなく、そう思った。

「結局は人間だよ」

野村さんが父に言われたというこの言葉は、締めの言葉にピッタリだ。

あとがき

二〇一五年十月二日。

僕の人生で最良の日。

きっと今も世界中に、同じような喜びを感じている人がたくさんいる。


娘は生まれたこの日からひと月半ほど入院していた。しばらくの間、仕事帰りに病院に立ち寄ることが僕の日課になった。

娘を初めて自宅に迎えた日、「おかえり」と言った。

それから何ヶ月か経った頃から、たまには奥さんに休みをあげようと思い、休日に娘と二人で出かけるようになった。良い旦那気取りだ。

はじめは、ミルクをあげる時やベビーカーに乗せる時に、大泣きされたりもした。少し成長してからは、離乳食を床に落とされたり、オムツを替えようとすると暴れられたり、思い通りにいかないことが多々あった。

ただそれでも、日を重ねるごとに娘のペースがつかめるようになって、一緒に出かけることがどんどん楽しくなっていった。次第に行動範囲が広がり、いろいろなものに興味をもち始めたから、休みの日には必ずと言っていいほど娘を外に連れ出している。

けれど、僕ら夫婦にとってかけがえのないこの二年以上の日々のことを、娘はやがて忘れてしまうんだろう。動物園に行ったことも、公園で遊んだことも、芝生の上で走ったことも、もうすでに覚えていない可能性だってある。


子どもは、父親と一緒に過ごす時間が短かったとしても、立派に育つのかもしれない。僕にとって子どもと過ごすことは、もちろん子どものためという気持ちもあるけれど、それ以上に自分自身のためのような気がしている。

娘の人生も、僕の父親人生もまだ始まったばかり。そのうち反抗される日がくるだろうし、きっと喧嘩もたくさんする。そういうことを繰り返しながらも、共に成長していけたらいい。

これから世界はどうなっていくのか、少なからず不安はある。それでも、この世界は最高なんだと、いつか教えたいと思う。娘が生まれた日、僕はそんな気分だったから。

＊

一九八二年五月一五日。

この日はきっと、両親にとって最良の日のひとつ。二人目の子どもとして、僕は生まれた。

父との思い出といえば、公園でキャッチボールをしたことや、家族でどこかへ出かけたことのように、ありふれた普通の出来事しか思い浮かばない。小さい頃はよく怒られていたから、二人きりで出かけることは正直言って苦手だった。僕の成長とともに、会話は少なくなり、顔を合わせる機会も減っていった。

二十年近く一緒に暮らしてきたなかで、父から学んだことはなんだろうか。これだ、と言えるものが今はまだはっきりしていない。

ただ、父という存在があったから、今の僕がいるということだけは確かだ。それは、父がいなかったら僕は生まれていなかったという意味ではなく、その存在自体が、僕が大人になっていく過程において大きいものだったように思う。

どこにでもいるような普通の父親と母親がつくった家族で僕は育った。今思えば、自分たちのことは後回しで、いつでも子どものことを優先してくれていた。心配なことはすごくたくさんあっただろうけど、それを口にはださず、いつも僕の意思を尊重してくれた。裕福な家庭ではなかったし、仲が良い家族とも言い難い。格好良くもないし、美人でもない。うちの両親は他の人から見たら、ただのおじさんとおばさんだ。

それでも、僕はこの二人の子どもに生まれ、育ててもらえて良かったと、心から思っている。子どもの頃はそんなふうに考えたことはなかったけれど。

娘もいつかそう思ってくれたなら嬉しい。

奥さんと娘とのこれからの毎日が、楽しみだ。

影山大祐

影山大祐
・
一九八二年生まれ。クリエイティブディレクター・デザイナー・文筆家。

デザイン事務所や広告代理店を経て二〇一二年独立。二〇一四年、株式会社メアリーアンドディーンを設立。企業や団体の宣伝・広報物の制作をおこないながら、二〇一六年に出版レーベル「megurogawa good label」を立ち上げ、『GOOD WORKS 一生以上の仕事』を出版。
www.md-tokyo.com/megurogawa

ぼくと仕事、ぼくと子ども
・
二〇一八年二月十五日　初版第一刷発行

著者　影山大祐
発行者　工藤秀之
発行所　株式会社トランスビュー
一〇三—〇〇一三
東京都中央区日本橋人形町二—三〇—六
電話　〇三—三六六四—七三三四
www.transview.co.jp
郵便振替　〇〇一五〇—三—四一一二七
ブックデザイン　杉下城司
印刷・製本　モリモト印刷
ISBN978-4-7987-0164-6　C0036　Printed in Japan

好評既刊

14歳からの哲学　考えるための教科書
池田晶子
十代から八十代まで圧倒的な共感と賞賛。中・高生の必読書。言葉、心と体、自分と他人、友情と恋愛など三〇項目の書下ろし。
一二〇〇円

あたりまえなことばかり
池田晶子
言葉は命そのものである。幸福、癒し、老いの意味から「哲学と笑い」のツボまで、疾駆する志向が世の常識を徹底的に覆す。
一八〇〇円

父が子に語る日本史
小島　毅
ねぇお父さん、歴史って何の役に立つの？　偏狭な一国史観を打ち破り、歴史の多様な見方を説く、ユーモア溢れる歴史副読本。
一五〇〇円

父が子に語る近現代史
小島　毅
幕末から一九六八年まで、日本はなぜこういう歴史を辿ったのか。興味深い三〇のテーマで歴史の面白さ、新しい見方を示して大好評。
一二〇〇円

（価格税別）